GRAMMAIRE ALLEMAND

W0201178

Ingo Weisbarth

8, rue Férou - 75278 Paris cedex 06
www.editions-belin.com
BELIN

Le code de la propriété intellectuelle n'autorise que *« les copies ou reproductions strictement réservées à l'usage privé du copiste et non destinées à une utilisation collective»* [article L. 122-5]; il autorise également les courtes citations effectuées dans un but d'exemple ou d'illustration. En revanche « toute représentation ou reproduction intégrale ou partielle, sans le consentement de l'auteur ou de ses ayants droit ou ayants cause, est illicite» [article L. 122-4].
La loi 95-4 du 3 janvier 1994 a confié au C.F.C. (Centre français de l'exploitation du droit de copie, 20, rue des Grands Augustins, 75006 Paris), l'exclusivité de la gestion du droit de reprographie. Toute photocopie d'œuvres protégées, exécutée sans son accord préalable, constitue une contrefaçon sanctionnée par les articles 425 et suivants du Code pénal.

© Éditions Belin 2005

ISBN 2-7011-4054-4

Sommaire

La phonologie

Le groupe nominal

Le groupe verbal

La phrase

Annexes

La phonologie

- Dans la langue française, l'accent tonique joue un rôle moindre. C'est la dernière syllabe du mot qui est généralement accentuée. Il en va tout autrement pour la langue allemande : le mot, le groupe et la phrase ont leur accent propre, ce qui donne le rythme à la langue.

❶ LE MOT

- L'accent se trouve presque toujours sur la **première syllabe**.

– Monosyllabique :

das °Haus
der °Tisch

– Plurisyllabique :

die °Arbeit
der °Aufzug
°schreiben

- Les lexèmes composés d'un préfixe inséparable sont accentués sur la **deuxième syllabe** car les préfixes sont inaccentués.

PRÉFIXES INSÉPARABLES : ***BE-, EMP-, ENT-, ER-, GE-, VER-, ZER-***

be°kommen	*empf°angen*	*ent°halten*	*er°lauben*
ge°winnen	*ver°schicken*	*zer°schneiden*	
der Er°halt	*der Ge°winn*	*die Ent°lassung*	

- Les lexèmes composés d'un préfixe séparable sont accentués sur la **première syllabe** : ce sont les préfixes séparables qui portent l'accent.

PRÉFIXES SÉPARABLES : ***AN-, AB-, AUF-, AUS-, EIN-, ZU-, VOR-, NACH-, HIN-, HER-, MIT-***

die °Ankunft	*die °Zukunft*	*der °Vormittag*	*der °Nachlass*
°ankommen	*°abschneiden*	*°aufstehen*	*°einschalten*
°hinfahren	*°herkommen*	*°mitnehmen*	

- Les **mots étrangers** gardent l'accent de leur langue d'origine :
  die Repu°blik (3e syllabe)
  der Ban°kier (2e syllabe)
  die Demokra°tie (4e syllabe)

- Certains suffixes prennent l'accent (*-ei, -ie, -ieren, -tion, -tät, -ur*) :

die Drucker°ei	*die Demokra°tie*	*export°ieren*
die Deklara°tion	*die Universi°tät*	*die Tasta°tur*

- Les **mots composés** ont leur accent sur le « déterminant » (voir aussi page 13) :
  Auto « déterminant* » / *Bahn* « déterminé* » } = *die °Autobahn* (l'autoroute)
  das °Computerbild (l'image d'écran)
  der °Kindergarten (la crèche)
  der °Tintenfüller (le stylo plume)

* Le mot « déterminant » désigne ici ce qui caractérise la base du mot. La base du mot est elle-même appelée le « déterminé ».

À retenir

- En général, l'accent se trouve sur la première syllabe des mots.
- Les préfixes inséparables ne portent jamais l'accent.
- Les préfixes séparables portent l'accent.
- Les mots d'origine étrangère gardent leur accent d'origine.
- Les mots composés ont leur accent sur le « déterminant ».

2 LE GROUPE

Le groupe nominal

- L'accent se trouve sur le dernier composant du groupe.
- Pour mettre en évidence un contraste, l'accent peut changer de place. Il met ainsi en évidence le composant accentué :
  der deutsche °Bundeskanzler (le chancelier allemand)
  der °deutsche Bundeskanzler (le chancelier allemand [et non le chancelier autrichien])

Le groupe verbal

- L'accent est sur le complément le plus proche du verbe :

°schreiben	*einen °Brief schreiben*
°fliegen	*nach Ber°lin fliegen*
°teilnehmen	*ein einer Konfe°renz teilnehmen*

À retenir

- L'accent du groupe nominal est généralement sur le dernier composant mais il peut varier. Il dépend alors de l'importance que le locuteur veut donner aux composants.
- L'accent du groupe verbal se trouve sur le complément le plus proche du verbe.

3 LA PHRASE

- L'accent de la phrase est placé sur le groupe verbal (l'ensemble du verbe et ses compléments) car il apporte l'information essentielle de la phrase :

  Wir müssen heute die °Abgeordneten wählen.
  Aujourd'hui nous devons élire les députés.
  Wir haben den °Reichstag gesehen.
  Nous avons vu le Reichstag.

À retenir

- L'accent de la phrase dépend de l'accent du groupe verbal et son information essentielle.

Le groupe nominal

❶ LE GENRE

- La langue allemande possède trois genres (masculin, féminin, neutre) au singulier et seulement un article pour le pluriel. Il est à noter que l'article indéfini ne possède pas de pluriel.
- Les majuscules en français sont réservées aux noms propres. Il en va tout autrement pour la langue allemande. Il faut mettre une majuscule à tous les noms, donc à tous les mots du genre masculin, féminin et neutre bien qu'ils ne soient pas toujours des noms propres.
- Tableau des articles définis et indéfinis :

	MASCULIN	FÉMININ	NEUTRE	PLURIEL
ARTICLE DÉFINI	*der*	*die*	*das*	*die*
ARTICLE INDÉFINI	*ein*	*eine*	*ein*	Ø

- Malheureusement, il n'existe pas de règle sûre pour déterminer avec certitude le genre des noms. Le mieux est de retenir le genre avec l'article défini dès que l'on apprend un nom. Il faut absolument éviter de transposer le genre d'un nom de sa langue maternelle dans la langue allemande ! Néanmoins, on peut dégager un certain nombre d'indications pour faciliter l'apprentissage.

Le masculin

- les êtres du sexe masculin :
  der Junge (le jeune homme), *der Vater* (le père), *der Bruder* (le frère), *der Direktor* (le directeur)
- les noms des jours, des mois et des saisons :
  der Sonntag (dimanche), *der Dienstag* (mardi), *der Januar* (janvier), *der Mai* (mai), *der Dezember (décembre)*
  der Frühling (le printemps), *der Sommer* (l'été), *der Herbst* (l'automne), *der Winter* (l'hiver)

- les points cardinaux :
  der Norden (le nord), *der Süden* (le sud), *der Westen* (l'ouest), *der Osten* (l'est)
- beaucoup de mots en *-en* :
  der Kuchen (le gâteau), *der Braten* (le rôti)
- beaucoup de mots en *-er* désignant un métier :
  der Metzger (le boucher), *der Bäcker* (le boulanger), *der Lehrer* (l'enseignant)
- beaucoup de mots en *-ist* :
  der Komponist (le compositeur), *der Terrorist* (le terroriste), *der Opportunist* (l'opportuniste)
- beaucoup de mots en *-ant* :
  der Demonstrant (le manifestant), *der Protestant* (le protestant)

Le féminin

- les êtres du sexe féminin :
  die Frau (la femme), *die Puppe (la poupée)* mais *das Mädchen* (la jeune fille)
- les noms des arbres :
  die Eiche (le chêne), *die Tanne* (le sapin)
- les mots en *-ei, -in, -heit, -keit, -schaft, -ung* :
  die Bäckerei (la boulangerie), *die Arbeiterin* (l'employée), *die Weisheit* (la sagesse), *die Arbeitslosigkeit* (le chômage), *die Belegschaft* (le personnel), *die Wiedervereinigung* (la réunification)
- beaucoup de mots en *-enz, -ion, -tät, -ie, -ik* :
  die Konkurrenz (la concurrence), *die Organisation* (l'organisation), *die Universität* (l'université), *die Identität* (l'identité), *die Industrie* (l'industrie), *die Informatik* (l'informatique)
- beaucoup de mots en *-e* :
  die Ware (la marchandise), *die Eintrittskarte* (le billet d'entrée)

Le neutre

- les mots en *-chen* (diminutif) :
  das Mädchen (la jeune fille), *das Häuschen* (la petite maison)
- les matières :
  das Holz (le bois), *das Gold* (l'or), *das Wasser* (l'eau)
- les verbes substantivés :
  das Schreiben (le fait d'écrire), *das Erscheinen* (l'apparition), *das Scheitern* (l'échec)
- les mots en *-ment, -tum, -is* :
  das Element (l'élément), *das Eigentum* (la propriété), *das Verhältnis* (la relation)

À retenir

- **Les masculins**: les êtres du sexe masculin, les jours, les mois, les saisons, les points cardinaux, les mots désignant un métier, les mots en *-en, -ist, -mus, -ant.*
- **Les féminins**: les êtres du sexe féminin, les arbres, les mots en *-ei, -in, heit, -keit, -schaft, -ung, enz, -ion, -tät, -ie, -ik.*
- **Les neutres**: les verbes substantivés, les mots en *–chen* quand il s'agit d'un diminutif, les mots en *-ment, -tum, -is.*

2 LE PLURIEL

- Tout comme pour le genre des noms, il n'y a pas de règles strictes pour le pluriel en allemand. Il convient alors de le retenir en même temps que le genre. Néanmoins, on peut dégager un certain nombre de types de pluriel pour faciliter l'apprentissage.

Mots masculins au pluriel

- terminaison *-e* ou *-en*:
  - *der Erfolg* ▸ *die Erfolge* (les succès)
  - *der Verlust* ▸ *die Verluste* (les pertes)
  - *der Termin* ▸ *die Termine* (les rendez-vous professionnels)
  - *der Staat* ▸ *die Staaten* (les États)
  - *der Opportunist* ▸ *die Opportunisten* (les opportunistes)
- inflexion (¨) sur la voyelle:
  - *der Laden* ▸ *die Läden* (les boutiques)
  - *der Hafen* ▸ *die Häfen* (les ports)
- inflexion (¨) et terminaison *-e* ou *-er*:
  - *der Reichtum* ▸ *die Reichtümer* (les richesses)
  - *der Ball* ▸ *die Bälle* (les balles)
- pas de changement pour les mots se terminant en *-er, -en*:
  - *der Fernseher* ▸ *die Fernseher* (les télévisions)
  - *der Wagen* ▸ *die Wagen* (les voitures)
  - *der Schüler* ▸ *die Schüler* (les écoliers)
  - *der Politiker* ▸ *die Politiker* (les politiciens)
- terminaison *-s* pour les mots se terminant par une voyelle et pour les abréviations:
  - *der Wessi* ▸ *die Wessis* (les habitants de l'ancienne RFA)
  - *der Pulli* ▸ *die Pullis* (les pullovers)
  - *der PKW* ▸ *die PKWs* (les voitures)
  - *der Azubi* ▸ *die Azubis* (les apprentis) *(▸ der Auszubildende)*

Mots féminins au pluriel

- terminaison *-en* ou *-n*:
  - *die Vorbereitung* ▸ *die Vorbereitungen* (les préparatifs)
  - *die Organisation* ▸ *die Organisationen* (les organisations)
  - *die Frau* ▸ *die Frauen* (les femmes)
  - *die Maschine* ▸ *die Maschinen* (les machines)
  - *die Bank* ▸ *die Banken* (les banques)
- terminaison *-nen*:
  - *die Sekretärin* ▸ *die Sekretärinnen* (les secrétaires)
  - *die Studentin* ▸ *die Studentinnen* (les étudiantes)
- inflexion (¨) et terminaison *-e*:
  - *die Bank* ▸ *die Bänke* (les bancs)
  - *die Hand* ▸ *die Hände* (les mains)
- terminaison *-s* pour les mots se terminant par une voyelle et pour les abréviations :
  - *die Kamera* ▸ *die Kameras* (les appareils photo)
  - *die Uni* ▸ *die Unis* (les universités)

Mots neutres au pluriel

- terminaison *-e*:
  - *das Jahr* ▸ *die Jahre* (les années)
  - *das Ziel* ▸ *die Ziele* (les buts)
  - *das Experiment* ▸ *die Experimente* (les expériences)
- inflexion (¨) et terminaison *-er*:
  - *das Buch* ▸ *die Bücher* (les livres)
- terminaison *-n* ou *-en*:
  - *das Bett* ▸ *die Betten* (les lits)
  - *das Auge* ▸ *die Augen* (les yeux)
- pas de changement pour les mots se terminant en *-el, -en, -er*:
  - *das Fenster* ▸ *die Fenster* (les fenêtres)
  - *das Essen* ▸ *die Essen* (les repas)
  - *das Möbel* ▸ *die Möbel* (les meubles)
- terminaison *-s* pour les mots se terminant par une voyelle et pour les abréviations :
  - *das Büro* ▸ *die Büros* (les bureaux)
  - *das Café* ▸ *die Cafés* (les cafés)
  - *das UFO* ▸ *die UFOs* (les OVNI)

Attention !

- Les « collectifs » n'ont pas de pluriel :
  - *das Gebirge* (le massif)
  - *die Polizei* (la police)
  - *der Verkehr* (la circulation)

- Doubles pluriels (deux sens pour un même mot au singulier, deux mots au pluriel). Quelques exemples :

die Bank ▸ *die Bänke* (les bancs)
▸ *die Banken* (les banques)
das Land ▸ *die Länder* (les pays)
▸ *die Lande* (les provinces)
die Mutter ▸ *die Mütter* (les mères)
▸ *die Muttern* (les écrous, les boulons)
das Wort ▸ *die Wörter* (les mots isolés)
▸ *die Worte* (les paroles, les mots en contexte)

À retenir

- **Les masculins** : la terminaison *-e, -en ou -s* ; l'inflexion sur la voyelle ; l'inflexion et la terminaison *-e ou -er* ; pas de changement pour les mots en *-er* et *-en* au singulier.
- **Les féminins** : la terminaison *-en, -n, -nen, -s* ; l'inflexion et la terminaison *-e*.
- **Les neutres** : la terminaison *-e, -n, -en, -s* ; l'inflexion et la terminaison *-er* ; pas de changement pour les mots en *-el, -en, -er*.
- Pas de pluriel pour les collectifs.
- Double pluriel : attention au sens.

❸ LES MOTS COMPOSÉS

- Le mot composé est une construction d'au moins deux mots qui peuvent aussi exister séparément. Le premier est appelé le « déterminant », le deuxième est appelé le « déterminé », la base du mot composé.
- C'est toujours le déterminant qui donne le genre au mot composé.
- Le sens du mot composé est à trouver en l'analysant de droite à gauche, donc à l'inverse du français.
- Le fait de ne pas respecter la direction de l'analyse entraîne tout de suite un autre sens :

das Schuhleder (le cuir pour fabriquer une chaussure)
der Lederschuh (la chaussure en cuir)

- L'exemple suivant montre que l'allemand peut former les mots composés en les plaçant simplement ensemble :

FRANÇAIS	organisation	de	jeunesse	organisation de jeunesse
ALLEMAND	*Jugend*	Ø	*Organisation*	*die Jugendorganisation*

Types de mots composés

- nom + nom :
  die Jugendorganisation (l'organisation de jeunesse)
  die Haustür (la porte d'entrée de la maison)

- verbe dérivé + nom :
  der Schreibtisch (la table pour écrire = le bureau)
  die Schlafcouch (le sofa pour dormir = le clic-clac/le canapé convertible)

- adverbe + nom :
  das Hochhaus (la maison haute = l'immeuble)
  die Blaubeere (la baie bleue = la myrtille)

Les lettres intercalées

- L'allemand a aussi la possibilité d'intercaler des lettres, les *Fugenzeichen*, pour relier les deux mots. Les jonctions *-es-* et le *-s-* sont particulièrement productives, mais il en existe d'autres.

- En règle générale on peut dire qu'il faut intercaler un *-s-* après un élément qui se termine par *-heit, -keit, -schaft, -ung, -tät, -ion, -tum, -ling*:
  das Krankheitssymptom (le symptôme [de maladie])
  die Sicherheitsvorkehrung (le dispositif de sécurité)
  der Schwangerschaftsurlaub (le congé de maternité)
  das Übungsblatt (la feuille d'exercice)
  die Qualitätsprüfung (l'examen de qualité)
  das Organisationstalent (le talent d'organisation)
  das Eigentumsrecht (le droit de la propriété privée)
  die Ankunftszeit (l'heure d'arrivée)
  die Tageszeitung (le journal)
  die Frühlingsblume (la fleur de printemps)

À retenir

- Le sens du mot composé se dégage en l'analysant de la droite vers la gauche (structure hypotaxique).
- Le dernier mot à droite donne le genre au mot composé.
- Après les terminaisons *-heit, -keit, -schaft, -ung, -tät, -ion, -tum, -ling,* la jonction est *-s-*.

❹ LES FONCTIONS DU GROUPE NOMINAL : LES CAS

- Les cas correspondent à la fonction que le groupe nominal occupe dans la phrase : le sujet, le complément d'objet direct, le complément d'objet indirect et le complément du nom. Décliner n'est rien d'autre que de marquer un cas.
- L'allemand décline les articles, les possessifs, les relatifs, les démonstratifs, les réfléchis (que nous allons voir plus en détail dans le paragraphe 3.6) et les adjectifs (paragraphes 4.1 à 4.3). Nous allons nous contenter ici de vous expliquer le fonctionnement à partir de l'article défini et l'article indéfini.

Le cas nominatif

- Le nominatif correspond au sujet dans la phrase française. L'attribut du sujet est également au nominatif (après les verbes *sein* [être], *bleiben* [rester], *werden* [devenir], *scheinen* [sembler]).
- Le nominatif est également employé lors du comparatif de supériorité.
- Exemples :

	MASCULIN	FÉMININ	NEUTRE	PLURIEL
NOMINATIF	***der*** *Computer* ***ein*** *Computer*	***die*** *Tastatur* ***eine*** *Tastatur*	***das*** *Büro* ***ein*** *Büro*	***die*** *Blätter* ***Ø*** *Blätter*

Die Schreibtischlampe *ist kaputt.*
La lampe du bureau est en panne.
Der Student *wird ein Arzt werden.*
L'étudiant va devenir docteur.
Das *neue* ***Handy*** *ist kleiner als dieses Telefon.*
Ce nouveau portable est plus petit que ce téléphone.

Le cas accusatif

- L'accusatif corre spond au complément d'objet direct dans la phrase française.
- Les prépositions suivantes sont toujours suivies de l'accusatif :

durch (à travers) *ohne* (sans)
für (pour) *um* (autour)
gegen (contre)

- Formes contractées :

für das ▸ *fürs*
um das ▸ *ums*

- Exemples :

	MASCULIN	FÉMININ	NEUTRE	PLURIEL
NOMINATIF	***der*** *Computer* ***ein*** *Computer*	***die*** *Tastatur* ***eine*** *Tastatur*	***das*** *Büro* ***ein*** *Büro*	***die*** *Blätter* ***Ø*** *Blätter*
ACCUSATIF	***den*** *Computer* ***einen*** *Computer*	***die*** *Tastatur* ***eine*** *Tastatur*	***das*** *Büro* ***ein*** *Büro*	***die*** *Blätter* ***Ø*** *Blätter*

Die Sekretärin schreibt ***den Brief***.
La secrétaire écrit la lettre.
Die Betriebsbesichtigung findet <u>ohne</u> ***den Direktor*** *statt.*
La visite guidée de l'entreprise aura lieu <u>sans</u> le directeur.
Dieses Einschreiben ist <u>für</u> ***die Post.***
Cette lettre recommandée est <u>pour</u> la poste.

Le cas datif

- Le datif correspond au complément d'objet indirect ou au complément d'objet second dans la phrase française.
- Les prépositions suivantes sont toujours suivies du datif:

  aus (de [provenance])
  bei (chez [locatif])
  mit (avec)
  nach (après, vers)
  seit (depuis)
  von (de [appartenance])
  zu (chez [directionnel])

- Formes contractées:

  bei dem ▸ *beim*
  zu dem ▸ *zum*
  zu der ▸ *zur*

- Exemples:

	MASCULIN	FÉMININ	NEUTRE	PLURIEL
NOMINATIF	***der*** *Computer* ***ein*** *Computer*	***die*** *Tastatur* ***eine*** *Tastatur*	***das*** *Büro* ***ein*** *Büro*	***die*** *Blätter* ***Ø*** *Blätter*
ACCUSATIF	***den*** *Computer* ***einen*** *Computer*	***die*** *Tastatur* ***eine*** *Tastatur*	***das*** *Büro* ***ein*** *Büro*	***die*** *Blätter* ***Ø*** *Blätter*
DATIF	***dem*** *Computer* ***einem*** *Computer*	***der*** *Tastatur* ***einer*** *Tastatur*	***dem*** *Büro* ***einem*** *Büro*	***den*** *Blätter* ***Ø*** *Blätter*

Dieser Mantel gehört ***<u>dem Abteilungsleiter</u>***.
Ce manteau appartient au chef de service.
Wir fahren <u>mit</u> ***dem Auto*** *und nicht <u>mit</u>* ***dem Bus***.
Nous allons <u>avec</u> la voiture et non <u>avec</u> le bus.
<u>Nach</u> ***der Fernsehsendung*** *gehst du <u>zu</u>* ***Oma***.
<u>Après</u> l'émission de télévision tu vas <u>chez</u> grand-mère.

Le cas génitif

- Le génitif correspond au complément du nom dans la phrase française.

- Les prépositions suivantes sont toujours suivies du génitif :
  wegen (à cause de)
  trotz (malgré)
  während (pendant)
  statt (au lieu de)
  innerhalb (à l'intérieur de)
  außerhalb (à l'extérieur de, hors de)
  mangels (faute de)

- Exemples :

	MASCULIN	FÉMININ	NEUTRE	PLURIEL
NOMINATIF	***der*** *Computer* ***ein*** *Computer*	***die*** *Tastatur* ***eine*** *Tastatur*	***das*** *Büro* ***ein*** *Büro*	***die*** *Blätter* ***Ø*** *Blätter*
ACCUSATIF	***den*** *Computer* ***einen*** *Computer*	***die*** *Tastatur* ***eine*** *Tastatur*	***das*** *Büro* ***ein*** *Büro*	***die*** *Blätter* ***Ø*** *Blätter*
DATIF	***dem*** *Computer* ***einem*** *Computer*	***der*** *Tastatur* ***einer*** *Tastatur*	***dem*** *Büro* ***einem*** *Büro*	***den*** *Blätter* ***Ø*** *Blätter*
GÉNITIF	***des*** *Computer**s*** ***eines*** *Computer**s***	***der*** *Tastatur* ***einer*** *Tastatur*	***des*** *Büro**s*** ***einem*** *Büro**s***	***der*** *Blätter* ***Ø*** *Blätter*

Das Auto ***des Sohnes***
La voiture de notre fils.
Während ***des Sommers*** *ist es sehr heiß.*
Il fait très chaud durant/pendant l'été.
Innerhalb ***der Europäischen Gemeinschaft*** *gibt es keine Grenzen mehr.*
Il n'y a plus de frontières à l'intérieur de la Communauté européenne.

Quelques exemples de phrases complexes

Die Belegschaft	*macht*	*mit dem Bus*	*einen Betriebsausflug.*
NOMINATIF	VERBE CONJUGUÉ	DATIF	ACCUSATIF

Les employés font une excursion en bus.

Wir	*kommen*	*mit den Freunden*	*aus dem Kino.*
NOMINATIF	VERBE CONJUGUÉ	DATIF	DATIF

Nous venons du cinéma avec des amis.

In der Nacht	*gingen*	*Einbrecher*	*in das Büro*	*des Direktors.*
COMPLÉMENT DE TEMPS IN, SUIVI DU DATIF	VERBE CONJUGUÉ	SUJET	ACCUSATIF	COMPLÉMENT DU NOM

Durant la nuit, des cambrioleurs sont entrés dans le bureau du directeur.

À retenir

- Sont au **nominatif** : le **sujet** de la phrase, l'attribut du sujet, le comparatif de supériorité après *als*.
- Est à l'**accusatif** : le complément d'objet direct. L'accusatif est également employé après les prépositions *durch, für, gegen, ohne, um.*
- Est au **datif** : le complément d'objet indirect. Le datif est également employé après les prépositions *aus, bei, mit, nach, seit, von, zu.*
- Est au **génitif** : le complément du nom. Le génitif est utilisé après les prépositions : *wegen, trotz, während, innerhalb, ausserhalb, mangels.*
- Tableau récapitulatif des déclinaisons des articles :

	MASCULIN	FÉMININ	NEUTRE	PLURIEL
NOMINATIF	*der* *ein*	*die* *eine*	*das* *ein*	*die*
ACCUSATIF	*de**n*** *eine**n***	*die* *eine*	*das* *ein*	*die*
DATIF	*de**m*** *eine**m***	*de**r*** *eine**r***	*de**m*** *eine**m***	*de**n***
GÉNITIF	*de**s*** *eine**s***	*de**r*** *eine**r***	*de**s*** *eine**s***	*de**r***

5 LES COMPLÉMENTS CIRCONSTANCIELS

- Nous avons vu dans le chapitre précédent que des prépositions appellent un cas :
  - *durch für, gegen, ohne, um* demandent l'accusatif ;
  - *aus, bei, mit, nach, seit, von, zu* demandent le datif.
- L'allemand possède neuf prépositions qui peuvent être suivies soit de l'accusatif, soit du datif. Ce sont des prépositions dites « mixtes » que l'on emploie pour préciser le complément circonstanciel de lieu.

Prépositions de lieu

- Les neuf prépositions sont :

an (à, contre)
auf (sur)
hinter (derrière)
in (dans)
neben (à côté de)
über (au-dessus de)
unter (en-dessous de)
vor (devant)
zwischen (entre)

- Formes contractées à l'accusatif :

an das	▸ *ans*
auf das	▸ *aufs*
in das	▸ *ins*

- Formes contractées au datif :

an dem	▸ *am*
in dem	▸ *im*

Directionnel

- Ces prépositions suivies de l'accusatif indiquent un mouvement, un déplacement, une direction ou un changement de lieu. Elles répondent aux interrogatifs *wohin* (où l'on va) et *woher* (d'où l'on vient).

Locatif

- Ces mêmes prépositions sont suivies du datif quand elles indiquent une localisation (donc pas de déplacement !) ou un lieu. Elles répondent à l'interrogatif *wo* (où).
- Quelques exemples pour expliquer l'opposition entre « directionnel » et « locatif » :

LOCATIF ▸ DATIF	DIRECTIONNEL ▸ ACCUSATIF
Wo bist du? Où es-tu ? *Ich bin* ***in meinem*** *Zimmer.* Je suis dans ma chambre.	*Wohin gehst du?* Où vas-tu ? *Ich gehe* ***in mein*** *Zimmer.* Je vais dans ma chambre.
Das Flugzeug landet ***in der*** *Schweiz.* L'avion atterrit en Suisse.	*Das Flugzeug fliegt* ***in die*** *Schweiz.* L'avion décolle pour la Suisse.
Die Gabel liegt ***auf dem*** *Tisch.* La fourchette est sur la table.	*Die Mutter legt die Gabel* ***auf den*** *Tisch.* La mère pose la fourchette sur la table.

- Attention ! D'autres prépositions peuvent aussi répondre à l'interrogatif *woher* :

Woher *kommen Sie? Ich komme* ***aus der*** *Schweiz.*
D'où venez-vous ? Je viens de Suisse.
Woher *nimmst du die Tasse? Ich nehme die Tasse* ***vom*** *Regal.*
D'où prends-tu la tasse ? Je prends la tasse de l'étagère.

À retenir

- Neuf prépositions mixtes : *an, auf, hinter, in, neben, über, unter, vor, zwischen.*
- Elles sont suivies de **l'accusatif** si elles expriment un **déplacement** ou un changement de lieu en répondant aux interrogatifs *woher* et *wohin.*
- Elles sont, en revanche, suivies du **datif** si elles indiquent une **localisation,** en répondant à l'interrogatif *wo.*

Prépositions de temps

Les compléments du temps répondant à la question *wann* (quand)

- *an* + datif, pour exprimer un moment précis :
  am Morgen (le matin)
  am folgenden Tag (le jour suivant, le lendemain)
  an diesem Abend (ce soir-là)
  am 8. Mai 1945 (le 8 mai 1945)
- *in* + datif, pour indiquer la saison, le mois, l'année :
  im Sommer (en été)
  im Dezember (en décembre)
- *vor* + datif, pour exprimer l'antériorité :
  vor einem Jahr (il y a un an)
  vor der Versammlung (avant la réunion)
- *nach* + datif, pour exprimer la postériorité :
  nach deinem Geburtstag (après ton anniversaire)
  nach der Prüfung (après l'examen)
- *um* + accusatif, pour indiquer l'heure précise :
  um Mitternacht (à minuit)
  um halb sieben (à six heures et demie)
- *gegen* + accusatif, pour indiquer une heure approximative :
  gegen 10 Uhr (vers dix heures)
  gegen Mittag (vers midi)
- *zu* + datif :
  Zu Ostern (à Pâques)
  zum letzten Mal (pour la dernière fois)

D'autres compléments du temps répondant à la question *wie lange* (combien de temps), exprimant ainsi une durée

- *bis* + accusatif :
  bis morgen (jusqu'à demain)
  bis nächsten Dienstag (jusqu'à mardi prochain)
- *seit* + datif :
  seit meinem Unfall (depuis mon accident)
  seit meiner Einschreibung (depuis mon inscription)

Tournures sans préposition

- Le complément de temps peut aussi être introduit par des tournures sans préposition. Voici quelques expressions :
  jeden Tag (chaque jour)
  nächste Woche (la semaine prochaine)
  heute (aujourd'hui)
  morgen abend (demain soir)
  vorigen Mittwoch (mercredi dernier)
  stundenlang (pendant des heures)
  eine Woche lang (pendant une semaine)
  Tag für Tag (jour après jour)

À retenir

- Le complément de temps est introduit soit par des expressions idiomatiques, soit par des prépositions répondant aux interrogatifs *wann* et *wie lange*:

an + datif	*nach + datif*	*zu + datif*
in + datif	*um + accusatif*	*bis + accusatif*
vor + datif	*gegen + accusatif*	*seit + datif*

Compléments de cause

- Ils répondent à la question *warum* (pourquoi):

aus	*aus Angst* (par peur)
vor	*vor Freude* (de joie)
an	*an Herzversagen sterben* (mourir d'un arrêt cardiaque)
wegen	*wegen der Hitze* (à cause de la chaleur)

Compléments de manière

- Ils répondent à la question *wie* (comment):

auf	*auf diese Art und Weise* (de cette manière)
in	*in Eile* (à la hâte)
mit	*mit Erfolg* (avec succès)

Le complément de but

- Il répond à la question *wozu* (pourquoi/pour quelle raison):

zu	*zur Verbesserung der Qualität* (pour améliorer la qualité)

Compléments de moyen

- Ils répondent à la question *womit* (par quoi):

durch	*durch den Briefträger* (par le facteur)
mit	*mit dem Schiff* (par [le] bateau)
per	*per Luftpost* (par avion)

À retenir

COMPLÉMENT	INTERROGATIF	PRÉPOSITIONS
cause	*warum*	*aus, vor, an, wegen*
manière	*wie*	*auf, in, mit*
but	*wozu*	*zu*
moyen	*womit*	*durch, mit, per*

- L'ordre des compléments: temps (quand), cause (pourquoi), manière (comment), lieu (où):

Wir	*fahren*	*um zwölf Uhr*	*mit dem Zug*	*nach München.*
S	V CONJUGUÉ	CC TEMPS	CC MANIÈRE	CC LIEU

Nous partons en train à midi pour Munich.

Er	machte	gestern	aus Angst	in aller Eile	seine Aufgaben	in der U-Bahn
S	**V CONJUGUÉ**	**CC TEMPS**	**CC CAUSE**	**CC MANIÈRE**	**COD**	**CC LIEU**

Hier, par peur, il faisait à la hâte ses devoirs dans le métro.

Les prépositions en image

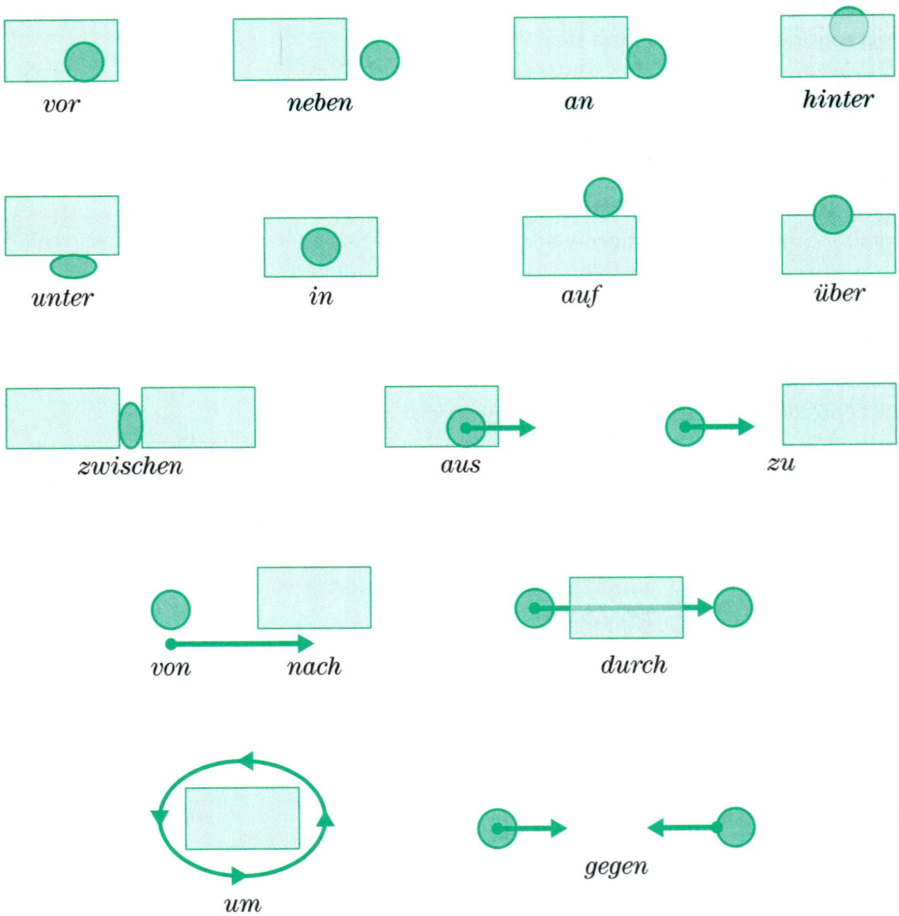

❻ LES PRONOMS

- Les pronoms ont pour fonction soit d'annoncer, soit de reprendre un groupe de mots. Leur emploi est très courant en allemand.

Les pronoms personnels

- Tableau des pronoms :

NOMINATIF	ACCUSATIF	DATIF
ich (je)	*mich*	*mir*
du (tu)	*dich*	*dir*
er (il)	*ihn*	*ihm*
sie (singulier) (elle)	*sie*	*ihr*
es (inexistant en français)	*es*	*ihm*
wir (nous)	*uns*	*uns*
ihr (vous)	*euch*	*euch*
sie (pluriel) (ils/elles)	*sie*	*ihnen*
Sie (politesse) (vous)	*Sie*	*Ihnen*

- Il est à constater que la langue française n'a pas d'équivalent pour le pronom personnel *es* qui reprend les noms neutres :

  das *Haus* = es (la maison = elle)
  das *Mädchen* = es (la fille = elle)

- Il faut faire aussi la différence entre ***s**ie* (elle, ou elles/ils) et ***S**ie* (vous de politesse, vouvoiement). Le « S » majuscule est le signe graphique du respect que l'on témoigne à son interlocuteur :

  Herr Schneider, *kommen* ***Sie*** *bitte mit mir.*
  Monsieur Schneider, veuillez me suivre s'il vous plaît.

- Quelques applications du tableau :

  Der Direktor *ist im Büro.* (masculin, nominatif)
  Le directeur est au bureau.
  Er *ist im Büro.* (reprise pronom personnel, masculin, nominatif)
  Il est au bureau.
  Ich sehe ***den Direktor***. (masculin, accusatif)
  Je vois le directeur.
  Ich sehe ***ihn***. (reprise pronom personnel, masculin, accusatif)
  Je le vois.
  Ich kaufe ***meiner Schwester*** *ein Buch.* (féminin, datif)
  J'achète un livre pour ma sœur.
  Ich kaufe ***ihr*** *ein Buch.* (reprise pronom personnel, féminin, datif)
  Je lui achète un livre.

- Attention ! Le complément au datif se trouve toujours devant le complément à l'accusatif, sauf si celui-ci est remplacé par un pronom personnel :

  Ich kaufe ***es meiner Schwester***. (reprise pronom personnel, neutre, accusatif)

Je l'achète pour ma sœur.
Ich kaufe ***es ihr***. (reprise pronom personnel, neutre, accusatif puis : reprise pronom personnel, féminin, datif)
Je le lui achète.

Les adjectifs possessifs

- Les adjectifs possessifs se déclinent au singulier comme l'article indéfini et au pluriel comme l'article défini. Nous pouvons nous servir des mêmes déclinaisons qui se trouvent dans le tableau chapitre 3.4. Le tableau suivant est au nominatif :

		POSSÉDÉ			
		MASCULIN	FÉMININ	NEUTRE	PLURIEL
POSSESSEUR	*ich*	*mein*	*meine*	*mein*	*meine*
	du	*dein*	*deine*	*dein*	*deine*
	er	*sein*	*seine*	*sein*	*seine*
	sie	*ihr*	*ihre*	*ihr*	*ihre*
	es	*sein*	*seine*	*sein*	*seine*
	wir	*unser*	*unsere*	*unser*	*unsere*
	ihr	*euer*	*eure*	*euer*	*eure*
	sie	*ihr*	*ihre*	*ihr*	*ihre*
	Sie	*Ihr*	*Ihre*	*Ihr*	*Ihre*

Quelques applications du tableau

- Exemple :

Ich suche das Büro von Frau Müller.
Je cherche le bureau de Mme Müller.
Ich suche ***ihr*** *Büro.*
Je cherche son bureau (à elle).

Le « possesseur » est Mme Müller (*sie*). Le genre du « possédé » (*Büro*) est neutre. L'adjectif possessif est donc *ihr*.

- Regardons maintenant le verbe *suchen* qui est suivi de l'accusatif. Le neutre à l'accusatif n'as pas de marque :

Ich suche ***sein*** *Büro.*
Je cherche son bureau (à lui).

Le « possesseur » a changé, donc l'adjectif possessif aussi va changer, bien que le « possédé » et le verbe soient les mêmes qu'au premier exemple.

À retenir

Comment trouver le bon adjectif possessif ?

- Trouver le pronom personnel du possesseur.
- Trouver le genre du « possédé ».
- Suivre horizontalement (pour le possesseur) la ligne et verticalement (pour le possédé) la colonne. L'endroit où les deux se rejoignent est l'adjectif possessif au nominatif.
- Décliner maintenant l'adjectif possessif.

Les pronoms relatifs

- Le pronom relatif introduit une proposition subordonnée. Le pronom est une forme de l'article défini.
- Le pronom relatif est un substitut de l'antécédent dont il prend le genre et le nombre. Il s'accorde de plus selon sa fonction dans la subordonnée. Il est précédé d'une virgule.
- Tableau des pronoms relatifs :

	MASCULIN	FÉMININ	NEUTRE	PLURIEL
NOMINATIF (= qui)	*der*	*die*	*das*	*die*
ACCUSATIF (= que)	*den*	*die*	*das*	*die*
DATIF (= à qui)	*dem*	*der*	*dem*	*denen*
GÉNITIF (= dont)	*dessen*	*deren*	*dessen*	*deren*

- Exemples :

neutre

*Das Mädchen, **das** dort schreibt, ist meine Schwester.*

l'attribut du sujet est au nominatif

La fille là-bas qui écrit est ma sœur.

masculin

*Der Computer, **den** wir dir schenken, ist sehr praktisch.*

schenken suivi de l'accusatif

L'ordinateur que nous t'offrons est très pratique.

- Le pronom relatif peut aussi être introduit par une préposition. Il prend alors le cas qui est demandé par la préposition.

  *Der Computer, **auf dem** wir schreiben, ist im Klassenzimmer.*

À retenir

Comment trouver le bon pronom relatif ?

- Le pronom relatif s'accorde en genre et nombre avec son antécédent, et il prend la marque de la fonction qu'il a dans la subordonnée.
- Trouver son antécédent.
- Trouver sa fonction dans la subordonnée.
- Suivre verticalement la colonne pour l'antécédent et horizontalement la ligne pour le cas. Le croisement des deux axes indique le pronom relatif.

Les pronoms démonstratifs

- Les pronoms démonstratifs mettent l'accent sur le groupe qu'ils reprennent. Ils prennent la terminaison comme les pronoms relatifs :

  Geben Sie mir bitte ***den Brief****.*
  Donnez-moi la lettre, s'il vous plaît.
  Diesen *Brief hier?*
  Celle-ci ?
  Ja, ***diesen*** *Brief auf dem Tisch.*
  Oui, celle-là sur la table.

- Quelques autres démonstratifs :

  dieser, diese, dieses, diese (celui-ci, celle-ci, ceux-ci, celles-ci) ;
  solcher, solche, solches, solche (tel, un tel, de tels, de telles).

Les pronoms réfléchis

- Les pronoms réfléchis renvoient au sujet. Ils sont donc toujours au nominatif.
- Tableau des pronoms réfléchis :

PRONOM PERSONNEL	PRONOM RÉFLÉCHI
ich	*mich*
du	*dich*
er	*sich*
sie	*sich*
es	*sich*
wir	*uns*
ihr	*euch*
sie	*sich*

- Exemples :

  Ich wasche ***mich****.*
  Je me lave.
  Wir baden ***uns*** *in dem See.*
  Nous nous baignons dans le lac.

- Les exemples montrent que la place du pronom réfléchi en allemand diffère de celle qu'il a en français. Dans cette langue, il se trouve devant le verbe conjugué tandis qu'en allemand il se trouve derrière le verbe conjugué.

Les interrogatifs en *W-*

- Les interrogatifs en *W-* sont utilisés pour une interrogation partielle. La réponse ne comporte alors qu'une partie de la phrase.
- Tableau des interrogatifs en W- :

CAS	INTERROGATIF
nominatif	*Wer/Was*
accusatif	*Wen/Was*
datif	*Wem*
génitif	*Wessen*

- Exemples :

  Der Wecker rappelt.
  Le réveil sonne.
  Wer/Was *rappelt? Der Wecker.* (nominatif)
  Qui/Qu'est-ce qui sonne ? Le réveil.
  Ich schreibe meinem Freund einen Brief.
  J'écris une lettre à mon ami.
  Wem *schreibst du einen Brief? Meinem Freund.* (datif)
  À qui écris-tu une lettre ? À mon ami.
  Was *schreibst du? Einen Brief.* (accusatif)
  Qu'est-ce que tu écris? Une lettre.
  Wie *ist das Wasser heute?*
  Comment est l'eau aujourd'hui ?
  Wie *spät ist es?*
  Quelle heure est-t-il ?
  Wieviel *Euro kostet die Hose?*
  Combien d'euros coûte le pantalon ?
  Wie oft *gehst du ins Kino?*
  Combien de fois vas-tu au cinéma ?
  Wann *kamst du an?*
  Quand es-tu arrivé ?
  Welcher *Bleistift ist es?*
  Quel crayon est-ce ?

Les interrogatifs peuvent aussi être combinés avec des prépositions.

- préposition + interrogatif :

  Für wen *ist das Geschenk?* (pour qui)
  Pour qui est le cadeau ?
  Mit wem *gehst du ins Schwimmbad?* (avec qui)
  Avec qui vas-tu à la piscine ?
  Bei wem *hast du geschlafen?* (chez qui)
  Chez qui as-tu dormi ?
  Um was *geht es?* (de quoi)
  De quoi s'agit-il ?
  Mit was *hast du das gemacht?* (avec quoi)
  Avec quoi l'as-tu fait ?

- interrogatif + préposition. Notez que, du moment que la préposition commence avec une voyelle, il faut intercaler un *-r-* entre l'interrogatif et la préposition :

  Wozu *brauchst du das?* (pourquoi ?/pour quelle raison ?)
  Pour quelle raison as-tu besoin de cela ?
  Wovon *reden wir überhaupt ?* (de quoi ?)
  De quoi parlons nous d'ailleurs ?
  Wohin *gehst du?*
  Où vas-tu ?
  Woher *kommst du?*
  D'où viens-tu ?

Worаus *ist das?* (en quoi ?)
En quoi consiste cela ?
Worum *geht es?* (de quoi ?)
De quoi s'agit-il ?
Warum *hast du nicht angerufen?*
Pourquoi n'as tu pas téléphoné ?

Les pronoms indéfinis

- Les pronoms indéfinis (*jemand, niemand*) ne se déclinent pas comme l'article indéfini, mais comme l'article défini (tableau 1 au chapitre 7, « déclinaison du type 1 ») :

  Ist jemand da?
  Il y a quelqu'un ?
  Nein, niemand ist hier.
  Non, il n'y a personne.
  *Hast du jemand****en*** *im Zimmer gesehen?*
  As-tu vu quelqu'un dans la chambre ?
  *Nein, ich habe niemand****en*** *gesehen.*
  Non, je n'ai vu personne.

- *Man* (on) ne se décline pas, parce qu'il se trouve toujours au nominatif :

  Man wusste nicht mehr, ob er die Prüfung bestanden hat.
  On ne sait plus s'il a réussi l'examen.

- *etwas/nichts* (quelque chose/rien) sont soit au nominatif, soit à l'accusatif :

  Möchten sie etwas trinken?
  Voulez-vous boire quelque chose ?
  Nein, ich möchte nichts trinken.
  Non, je ne veux rien boire.
  Hast du etwas im Dunklen gesehen?
  As-tu vu quelque chose dans le noir ?
  Nein, ich habe nichts gesehen.
  Non, je n'ai rien vu.

À retenir

- *jemand/niemand* (= quelqu'un/personne) se déclinent comme l'article défini.
- *Man* (= on) ne se décline pas. Il est toujours au nominatif.
- *etwas/nichts* (= quelque chose/rien) sont soit au nominatif soit à l'accusatif.

7 LES ADJECTIFS

- L'adjectif et l'adverbe ont la même forme. Seul leur place dans un énoncé détermine la nature :

*Der Kugelschreiber schreibt **schön**.*
Le stylo bille écrit bien.
- adverbe (« adjectif de verbe»)
- après un verbe, il accompagne le verbe
- invariable

*der **schöne** Kugelschreiber*
le beau stylo bille
- adjectif (« adjectif de nom»)
- devant un nom, il qualifie le nom
- variable ▸ Il faut donc le décliner.

*Der Fisch schwimmt **langsam**. (adv.)*
Le poisson nage lentement.
*Das **langsame** (adj.) Auto fährt über die Autobahn.*
La voiture lente roule sur l'autoroute.
*Das **rote** (adj.) Auto fährt **schnell** (adv.) über die Autobahn.*
La voiture rouge roule vite sur l'autoroute.

La déclinaison du Type 1

- La déclinaison du Type 1 du groupe nominal est construite avec l'article défini (et ceux qui se déclinent comme l'article défini) puis l'adjectif puis le nom.
- On se sert alors du tableau des déclinaisons de l'article puis d'un deuxième tableau pour les adjectifs :

*dies**er** neu**e** Kugelschreiber*

article défini
Tableau 1

	MASC	FÉM	NEUT	PL
N	*-r*	*-e*	*-s*	*-e*
A	*-n*	*-e*	*-s*	*-e*
D	*-m*	*-r*	*-m*	*-n*
G	*-s*	*-r*	*-s*	*-r*

adjectif décliné
Tableau 3

	MASC	FÉM	NEUT	PL
N			*-e*	
A				
D			*-en*	
G				

- Du moment que le cas est déjà marqué avec l'article défini, l'adjectif prend soit la terminaison *-e* soit *-en*. Ce sont des marques faibles.
- On distingue deux marques. La **marque forte**, qui doit toujours être exprimée. C'est le tableau 1 qu'il faut appliquer aux démonstratifs et aux quantificateurs. La **marque faible** est réservé pour l'adjectif.
- Se déclinent selon ce même schéma :
- les démonstratifs (*dieser* [ce(t)/cette], *jener* [ce(t)/cette ; niveau soutenu], *solcher* [tel(le)/tel(le)s]) ;
- les quantificateurs (*jeder* [chaque], *mancher* [plus de]) au singulier ;
- les quantificateurs (*viele* [beaucoup], *mehere* [plusieurs], *wenige* [peu de], *alle* [tout(e)/tou(te)s], *einige* [quelques]) au pluriel ;
- l'interrogatif *welcher* (quel/quelle).

◗ Exemples :

*Hast du **diesen** schönen Hut gesehen?*
As-tu vu ce joli chapeau ?
***Solche** italienischen Schuhe sind sicher teuer.*
De telles chaussures italiennes sont certainement chères.
***Jeder** neue Schüler hat einen Füller.*
Chaque nouvel élève a un stylo plume.
*In der Klasse gibt es **viele** kleine Schüler.*
Dans la classe il y a beaucoup de petits élèves.
***Mehrere** gute Schüler sind krank.*
Plusieurs bons élèves sont malades.
***Wenige** reiche Eltern kamen zum Elternabend.*
Peu de parents fortunés venaient à la réunion des parents.
***Alle** guten Schüler gehen zur Schule.*
Tous les bons élèves vont à l'école.
***Einige** schlechte Schülerinnen haben keine Blätter.*
Quelques mauvaises élèves n'ont pas de feuilles de papier.
***Welches** rote Auto hat uns gerade überholt?*
Quelle voiture rouge vient de nous doubler ?

La déclinaison du Type 2

◗ La déclinaison du Type 2 du groupe nominal est construite avec l'article indéfini (et ceux qui se déclinent comme l'article indéfini) puis l'adjectif puis le nom.

◗ On se sert alors du tableau des déclinaisons de l'article indéfini puis du deuxième tableau pour les adjectifs qui diffère peu du tableau n° 3:

*einø neu**er** Kugelschreiber*

article indéfini
Tableau 2

	MASC	FÉM	NEUT	PL
N	-	-e	-	-e
A	-n	-e	-	-e
D	-m	-r	-m	-n
G	-s	-r	-s	-r

adjectif décliné
Tableau 4

<table>
<tr><th></th><th>MASC</th><th>FÉM</th><th>NEUT</th><th>PL</th></tr>
<tr><td>N</td><td>-er</td><td rowspan="2">-e</td><td rowspan="2">-es</td><td rowspan="2"></td></tr>
<tr><td>A</td><td></td></tr>
<tr><td>D</td><td colspan="4" rowspan="2">-en</td></tr>
<tr><td>G</td></tr>
</table>

◗ En fait, la marque de l'adjectif change là où l'article indéfini n'a pas marqué le cas (masculin nominatif, neutre nominatif et accusatif).

◗ Se déclinent selon ce même schéma:
- la négation *kein*;
- les adjectifs possessifs (*mein, dein*).

La déclinaison épithète

- Ici, le groupe nominal ne possède ni article défini ni article indéfini. L'adjectif doit donc prendre toutes les marques des cas:

Tableau 1*

*neu**er** Kugelschreiber*
↓

NOMINATIF	*-r*	*-e*	*-s*	*-e*
ACCUSATIF	*-n*	*-e*	*-s*	*-e*
DATIF	*-m*	*-r*	*-m*	*-n*
GÉNITIF	*-s*	*-r*	*-s*	-

* Ceci n'est pas un nouveau tableau. Il suffit d'appliquer leTableau I, normalement réservé à la déclinaison des articles définis.

Tableau récapitulatif

- Dans les paragraphes précédents, nous n'avons vu que des terminaisons pour vous montrer le fonctionnement des déclinaisons d'un groupe nominal. Le tableau suivant vous donne maintenant des exemples concrets. La première ligne dans chaque cas est unType 1. La deuxième ligne est consacré à unType 2 et la troisième ligne indique un adjectif épithète.

	MASCULIN	**FÉMININ**	**NEUTRE**	**PLURIEL**
NOMINATIF	*der neue Füller* *ein alter Füller* *alter Füller*	*die kleine Tasche* *eine kleine Tasche* *kleine Tasche*	*das alte Mäppchenein* *ein altes Mäppchen* *altes Mäppchen*	*die roten Blätter* *rote Blätter*
ACCUSATIF	*den neuen Füller* *einen neuen Füller* *neuen Füller*	*die kleine Tasche* *eine kleine Tasche* *kleine Tasche*	*das alte Mäppchen* *ein altes Mäppchen* *altes Mäppchen*	*die roten Blätter* *rote Blätter*
DATIF	*dem neuen Füller* *einem neuen Füller* *neuem Füller*	*der kleinen Tasche* *einer kleinen Tasche* *kleiner Tasche*	*dem alten Mäppchen* *einem alten Mäppchen* *altem Mäppchen*	*den roten Blättern* *roten Blättern*
GÉNITIF	*des neuen Füllers* *eines neuen Füllers* *neuen Füllers*	*der kleinen Tasche* *einer kleinen Tasche* *kleiner Tasche*	*des alten Mäppchens* *eines alten Mäppchens* *alten Mäppchens*	*der roten Blätter* *roter Blätter*

À retenir

- Déclinaison de **Type 1** (article défini et adjectif) : employer le tableau **1** et le tableau **3.**
- Déclinaison de **Type 2** (article indéfini et adjectif) : employer le tableau **2** et le tableau **4.**

<u>L'astuce</u>

Il faut toujours avoir une combinaison de chiffres pairs ou impairs !

- Déclinaison **adjectif épithète** : appliquer le tableau **1** à l'adjectif.

8 LES DEGRÉS DE COMPARAISON ET LE SUPERLATIF

Le comparatif d'égalité

- En français, c'est la construction « aussi » + adjectif + « que » + nom. En allemand, nous trouvons une construction similaire : *so* + adjectif + *wie* + nom :

  *Meine Tochter ist **so** groß **wie** dein Sohn.*

  Ma fille est **aussi** grande **que** ton fils.

Le comparatif d'infériorité

- On l'obtient par l'ajout de la négation *nicht* avant *so*. La formule est : *nicht so* + adjectif + *wie* + nom (en français : « moins » + adjectif + « que » + nom) :

  *Meine Tochter ist **nicht so** groß **wie** dein Sohn.*

  Ma fille est **moins** grande **que** ton fils.

Le comparatif de supériorité

- Il se construit de la façon suivante : adjectif *-er* + *als* + nom. Le suffixe *-er* ajouté à l'adjectif correspond au « plus » en français :

  *Das Flugzeug ist schnell**er** **als** das Auto.*

  L'avion est **plus** rapide **que** la voiture.

Le superlatif

- Pour obtenir un superlatif, on ajoute la terminaison *-ste* à l'adjectif. Il peut avoir la fonction d'épithète (précédé d'un article), la fonction d'attribut (précédé de *am*) ou la fonction d'adverbe (précédé de *am*).

ÉPITHÈTE

*Hier habe ich einen IBM Computer. Das ist **der** teuer**ste** Computer, den wir im Geschäft haben.*

Voici un ordinateur IBM. C'est l'ordinateur le plus cher que nous ayons en magasin.

ATTRIBUT

*Hier sehen Sie zwei Computer. Der rechte ist **am** teuer**sten**.*

Voici deux ordinateurs. Celui de droite est le plus cher.

Adverbe

Der Mercedes, der Maserati und der Ferrari fahren sehr schnell aber der Ferrari fährt ***am*** *schnell****sten****.*

La Mercedes et la Ferrari roulent très vite mais la Ferrari roule le plus vite.

Certains adjectifs sont irréguliers

ADJECTIF	COMPARATIF	SUPERLATIF	TRADUCTION
gut	*besser*	*am besten*	bon, bien
gern	*lieber*	*am liebsten*	aimer bien*
hoch	*höher*	*am höchsten*	haut
nah	*näher*	*am nächsten*	proche
viel	*mehr*	*am meisten*	beaucoup

* Le français a du mal à traduire le sens exact de *gern* par un seul adjectif. Pour être vraiment proche du sens, il a recours à une expression verbale: *Ich trinke gern(e) Kaffee* = J'aime bien boire du café.

Certains adjectifs prennent une inflexion

ADJECTIF	COMPARATIF	SUPERLATIF	TRADUCTION
alt	*älter*	*am ältesten*	vieux
arm	*ärmer*	*am ältesten*	pauvre
dumm	*dümmer*	*am dümmsten*	bête
gesund	*gesünder*	*am gesündesten*	en bonne santé
hart	*härter*	*am härtesten*	dur
jung	*jünger*	*am jüngsten*	jeune
kalt	*kälter*	*am kältesten*	froid
krank	*kränker*	*am kränksten*	malade
kurz	*kürzer*	*am kürzesten*	court
lang	*länger*	*am längsten*	long
scharf	*schärfer*	*am schärfsten*	tranchant
schwarz	*schwärzer*	*am schwärzesten*	noir
stark	*stärker*	*am stärksten*	fort
warm	*wärmer*	*am wärmsten*	chaud

À retenir

- Le comparatif d'égalité: *so* + adjectif + *wie.*
- L e comparatif d'infériorité: *nicht so* + adjectif + *wie.*
- Le comparatif de supériorité: adjectif *-er* + *als.*
- Le superlatif: *am* + adjectif *-ste* ou bien *der* + adjectif *-ste.*

9 LES QUANTIFICATEURS

Les quantificateurs globaux : *all-, beid-, sämtlich-, ganz-, gesamt-, jed-*

- *all-* désigne un ensemble d'éléments dénombrables. Suivi d'un nombre, il exprime une répétition :

  Alle Kinder waren da.
  Tous les enfants étaient là.
  Er hat alles gegessen.
  Il a tout mangé.
  Alle vier Jahre fahren wir nach Spanien.
  Tous les quatre ans nous partons en Espagne.

- *beid-* désigne un couple bien identifié :

  Beide Schwestern haben lange Haare.
  Les deux sœurs ont des cheveux longs.
  Die beiden sind schon weg.
  Ces deux-là sont déjà partis.

- *sämtlich-, ganz-, gesamt-* mettent en avant la totalité :

  Sämtliche Beamten waren anwesend.
  Tous les fonctionnaires étaient présents.
  Die ganze Familie geht ins Kino.
  Toute la famille va au cinéma.
  Das gesamte Bevölkerung war in Trauer.
  Toute la population était en deuil.

- *jed-* ne peut être utilisé qu'au singulier étant donné qu'il ne représente qu'une partie de la totalité :

  Der Lehrer begrüßt jedes Kind.
  Le professeur salue chaque enfant.

Les quantificateurs partiels : *meist-, einig-, manch-, mehrer-, wenig-, viel-*

- *meist-* :

  Die meisten Schüler waren krank.
  La plupart des élèves étaient malades.

- *einig-* :

  Einige Häuser waren sehr hübsch.
  Quelques maisons étaient très belles.
  Einige Künstler waren bekannt.
  Quelques artistes étaient célèbres.

- *manch-* :

  Manche lernen es nie.
  Certains ne l'apprendront jamais.
  Manches Gemälde wurde zerstört.
  Plus d'une peinture fut détruite.

- *mehrer-*:

  Wir haben mehrere Statuen gesehen.
  Nous avons vu plusieurs statues.
  Er hat mehrere Eis gegessen.
  Il a mangé plusieurs glaces.

- *wenig-*:

  Er hat sehr wenig gegessen.
  Il n'a mangé que très peu.
  Wenige Schüler haben die Aufgabe gelöst.
  Peu d'élèves ont résolu l'exercice.

- *viel-:*

  Viele Schüler schreiben mit einem Kuli.
  Beaucoup d'élèves écrivent avec un bic.

À retenir

- Les quantificateurs globaux :

  alle = tous (les)
  beide = les deux
  sämtliche = tous les…
  ganz = tout
  gesamt = toute
  jeder = chaque

- Les quantificateurs partiels :

  meisten = la plupart
  einige = quelques
  manche = certains, plus d'un
  mehrere = plusieurs
  wenige = peu
  viele = beaucoup de

10 LES PARTICULES ADVERBIALES

- Les particules adverbiales sont généralement invariables. Elles établissent une relation soit avec un adjectif (*Das ist ein sehr schönes Büro*) soit avec un verbe (*Ich komme heute ins Büro*).

Lieu

- *links/rechts* (gauche/droite) :

  Die Post ist rechts vom Bäcker
  La poste est à droite du boulanger.

- *oben/unten* (en haut/en bas) :

  Ich bin unten im Keller.
  Je suis en bas dans la cave.

- *draußen/drinnen* (à l'extérieur/à l'intérieur) :
  Wird sind draußen im Garten.
  Nous sommes à l'extérieur, dans le jardin.

- *hier/da* (ici/là) :
  Seid ihr hier?
  Êtes-vous ici ?

- *überall/nirgendwo* (partout/nulle part) :
  Wir haben die Kinder überall gesucht.
  Nous avons cherché les enfants partout.

LIEU DIRECTIONNEL (*WOHIN* = OÙ L'ON VA)

- *vorwärts/rückwärts* (en avant/en arrière) :
  Sie dürfen hier nicht rückwärts fahren.
  Vous ne pouvez pas faire marche arrière ici.

- *nach oben/nach unten* (*en haut/en bas*):
  Gehen Sie bitte direkt nach oben ins Zimmer.
  Montez directement dans la chambre s'il vous plait.

LIEU DIRECTIONNEL (*WOHER* = D'OÙ L'ON VIENT)

- *von links/von rechts* (de la gauche/de la droite) :
  Da kommt ein Auto von rechts.
  Une voiture arrive de la droite.

- *von draußen/von drinnen* (de l'extérieur/de l'intérieur) :
  Ich komme gerade von draußen in die Wohnung.
  Je viens juste de rentrer dans l'appartement. (je viens de l'extérieur.

Temps

TEMPS : PRÉSENT

- *heute* (aujourd'hui):
  Was machst du heute abend?
  Que fais-tu ce soir ?

- *jetzt/nun* (maintenant):
  Jetzt fängt es an zu regnen.
  Maintenant il commence à pleuvoir.

- *gleich* (tout de suite) :
  Der Bus kommt gleich.
  Le bus arrive tout de suite.

TEMPS : PASSÉ

- *früher* (jadis) :
  Früher war alles besser.
  Jadis, tout était meilleur.

- *damals* (autrefois) :
  Damals hatte ich noch eine Schreibmaschine.
  Autrefois, j'avais encore une machine à écrire.

- *neulich* (récemment) :

  Wir haben neulich den Kanzler getroffen.

  Nous avons récemment rencontré le chancelier.

TEMPS : FUTUR

- *später* (plus tard) :

  Wir kommen später nach.

  Nous vous suivrons plus tard.

- *übermorgen* (après-demain) :

  Sie kommen uns übermorgen besuchen.

  Elles nous rendront visite après-demain.

TEMPS : COMBIEN DE FOIS

- *oft* (souvent) :

  Wir gehen oft ins Kino.

  Nous allons souvent au cinéma.

- *manchmal* (parfois) :

  Ich esse manchmal auch Fleisch.

  Je mange parfois de la viande aussi.

- *nie* (jamais) :

  Wir sind noch nie in die USA geflogen.

  Nous ne sommes jamais allés aux États-Unis.

- *immer* (toujours) :

  Ich trinke immer Kaffee zum Frühstück.

  Je bois toujours du café au petit déjeuner.

- *selten* (rarement) :

  Er isst sehr selten rohen Fisch.

  Il mange rarement du poisson cru.

TEMPS : SUCCESSION

- *zuerst* (d'abord) :

  Zuerst gehe ich ins Badezimmer.

  D'abord je vais dans la salle de bains.

- *dann* (puis) :

  Dann dusche ich mich.

  Puis je prends ma douche.

- *danach* (après) :

  Danach putze ich mir die Zähne.

  Après, je me brosse les dents.

- *schließlich* (enfin) :

  Schließlich ziehe ich mich an.

  Enfin je m'habille.

Manière

- *anders* (autrement) :
  Ich hätte den Brief anders geschrieben.
  J'aurais écrit la lettre autrement.

- *leider* (malheureusement) :
  Leider habe ich alles vergessen.
  Malheureusement j'ai tout oublié.

- *sehr* (beaucoup) :
  Dieser neue Kinofilm hat uns sehr gut gefallen.
  Ce nouveau film nous a beaucoup plu.

- *wenigstens* (au moins) :
  Du hättest wenigstens anrufen können.
  Tu aurais dû téléphoner au moins.

- *beinahe* (= failli…) :
  Er wäre beinahe gefallen.
  Il a failli tomber/Il est presque tombé.

- *besonders* (particulièrement) :
  Dieses Kleid ist ganz besonders hübsch.
  Cette robe est particulièrement belle.

Cause, conséquence, concession

- *deshalb* (d'où la raison) :
  Deshalb kommst du also zu spät.
  D'où la raison de ton retard.

- *trotzdem* (quand même) :
  Er hat trotzdem die Pommes frites gegessen.
  Il a quand même mangé les frites.

- *also* (donc) :
  Das Licht brennt. Er ist also zu Hause.
  Il y a de la lumière. Il est donc à la maison.

Le groupe verbal

❶ LE CLASSEMENT DES VERBES

- En allemand, les verbes sont classés par rapport à leur changement de voyelle lors de la formation du prétérit et du participe passé (appelé le participe II). Les auxiliaires ont des formes particulières.

Les auxiliaires

- L'allemand possède trois auxiliaires : *sein, haben, werden* :

	SEIN	*HABEN*	*WERDEN*
ICH	*bin*	*habe*	*werde*
DU	*bist*	*hast*	*wirst*
ER, SIE, ES	*ist*	*hat*	*wird*
WIR	*sind*	*haben*	*werden*
IHR	*seid*	*habt*	*werdet*
SIE	*sind*	*haben*	*werden*

Les verbes forts

- La voyelle change au prétérit et parfois au participe II.
- Au prétérit : changement de voyelle/pas de terminaison aux 1re et 3e personnes du singulier.
- Au participe II ; préfixe *ge-* + base du verbe avec changement de voyelle + suffixe *-en*.
- Exemples :

INFINITIF	PRÉSENT	PRÉTÉRIT	PARTICIPE II
schreiben	*er schreibt*	*er schr**ie**b*	***ge**schrieb**en***
laufen	*er läuft*	*er l**ie**f*	***ge**lauf**en***
fliegen	*er fliegt*	*er fl**o**g*	***ge**flog**en***

Les verbes faibles

- La voyelle ne change pas au prétérit et au participe II.
- Au prétérit : la base du verbe + suffixe *-te*.
- Au participe II : préfixe *ge-* + base du verbe + suffixe *-t*.
- Exemples :

INFINITIF	PRÉSENT	PRÉTÉRIT	PARTICIPE II
machen	*er macht*	*er mach**te***	***ge**mach**t***
reden	*er redet*	*er red**e**te*	***ge**red**e**t*
schicken	*er schickt*	*er schick**te***	***ge**schick**t***

Les verbes mixtes/faibles irréguliers

- La voyelle change au prétérit et au participe II.
- Au prétérit : la base du verbe avec changement de voyelle + suffixe *-te*.
- Au participe II : préfixe *ge-* + base du verbe avec la voyelle du prétérit + suffixe *-t*.
- Exemples :

INFINITIF	PRÉSENT	PRÉTÉRIT	PARTICIPE II
denken	*er denkt*	*er d**a**ch**te***	***ge**d**a**ch**t***
bringen	*er bringt*	*er br**a**ch**te***	***ge**br**a**ch**t***
nennen	*er nennt*	*er n**a**nn**te***	***ge**n**a**nn**t***

À retenir

- Verbes forts
– au prétérit : changement de voyelle/pas de terminaison aux 1re et 3e personnes du singulier ;
– au participe II : préfixe *ge-* + base du verbe avec changement de voyelle + suffixe *-en*.
- Verbes faibles
– au prétérit : la base du verbe + suffixe *-te* ;
– au participe II : préfixe *ge-* + base du verbe + suffixe *-t*.
- Verbes mixtes/faibles irréguliers
– au prétérit : la base du verbe avec changement de voyelle + suffixe *-te* ;
– au participe II : préfixe *ge-* + base du verbe avec la voyelle du prétérit + suffixe *-t*.

La modalité

- Les verbes de modalité sont au nombre de six si on y ajoute le verbe *wissen*. Leur conjugaison est toute particulière.

- Présent: changement de voyelle au singulier, pas de terminaison pour les 1re et 3e personnes. Au pluriel, en revanche, leur forme est régulière.
- Prétérit: base du verbe sans inflexion + suffixe *-te*.
- Participe II: préfixe *ge-* + base du verbe + suffixe *-t*.
- Tableau de conjugaison:

	KÖNNEN	*DÜRFEN*	*MÜSSEN*	*SOLLEN*	*WOLLEN*	*MÖGEN*	*WISSEN*
PRÉSENT	*kann* *kannst* *kann* *können* *könnt* *können*	*darf* *darfst* *darf* *dürfen* *dürft* *dürfen*	*muss* *musst* *muss* *müssen* *müsst* *müssen*	*soll* *sollst* *soll* *sollen* *sollt* *sollen*	*will* *willst* *will* *wollen* *wollt* *wollen*	*mag* *magst* *mag* *mögen* *mögt* *mögen*	*weiß* *weißt* *weiß* *wissen* *wisst* *wissen*
PRÉTÉRIT	*konnte*	*durfte*	*musste*	*sollte*	*wollte*	*mochte*	*wussten*
PARTICIPE II	*gekonnt*	*gedurft*	*gemusst*	*gesollt*	*gewollt*	*gemocht*	*gewusst*

- Leur signification varie selon le contexte.

– *können*: pouvoir (la capacité physique):

*Ich **kann** schwimmen.*
Je sais nager

– *dürfen*: pouvoir (la permission, l'autorisation)

*Mutti, **dürfen** wir ein Eis essen?*
Maman, pouvons-nous manger une glace?

– *müssen*: devoir (l'obligation, le devoir, la nécessité)

*Es ist 23.00 Uhr. Du **musst** jetzt ins Bett.*
Il est déjà 23h. Tu dois aller au lit maintenant.

– *sollen*: devoir (l'obligation morale personnelle ou dictée par un tiers)

*Du **sollst** nicht lügen.*
Tu ne dois pas mentir.

– *wollen*: vouloir (la volonté ferme, l'intention)

*Ich **will** jetzt sofort ein Eis!*
Je veux une glace tout de suite!

– *mögen*: vouloir (le désir, le souhait, l'envie)

*Er **mag** jetzt eine Wurst essen.*
Il a envie de manger une saucisse.

– *wissen*: savoir (avoir été informé)

*Ich habe nicht **gewußt**, dass du krank warst.*
Je ne savais pas que tu étais malade.

À retenir

- Présent: changement de voyelle au singulier, pas de terminaison pour les 1re et 3e personnes. Au pluriel, en revanche, leur forme est régulière.
- Prétérit: base du verbe sans inflexion + suffixe *-te*.
- Participe II: préfixe *ge-* + base du verbe + suffixe *-t*.

❷ LES TEMPS À L'INDICATIF

Le présent

FORMATION : VERBES FAIBLES

- Ajouter à la base (le radical) les terminaisons *-e, -st, -t, -en, -t, -en* :

FLIEGEN	*SCHREIBEN*	*DRUCKEN*
*flieg**e***	*schreib**e***	*druck**e***
*flieg**st***	*schreib**st***	*druck**st***
*flieg**t***	*schreib**t***	*druck**t***
*flieg**en***	*schreib**en***	*druck**en***
*flieg**t***	*schreib**t***	*druck**t***
*flieg**en***	*schreib**en***	*druck**en***

- Si le radical du verbe se termine par *-d, -t, -m, -n,* il faut intercaler un *-e-* avant la désinence aux 2e et 3e personnes du singulier pour faciliter la prononciation :
  *rechnen : du rechne**st**, er rechne**t*** (calculer)
  *finden : du finde**st**, er finde**t*** (trouver)
  *warten : du warte**st**, er warte**t*** (attendre)

- Si le radical du verbe se termine par *-s, -ß, -z,* la terminaison de la 2 e personne du singulier n'est plus que *-t* :
  *heißen : du heiß**t**, er heiß**t*** (s'appeler)
  *verreisen : du verreis**t**, er verreis**t*** (partir en voyage)

FORMATION : VERBES FORTS

- Changement de la voyelle *-a-* du radical en *-ä-* aux 2e et 3e personnes du singulier. Les terminaisons sont les mêmes que pour les verbes faibles : *-e, -st, -t, -en, -t, -en* :
  *empf**a**ngen : du empf**ä**ngst, er empf**ä**ngst* (recevoir)
  *tr**a**gen : du tr**ä**gst, er tr**ä**gt* (porter)
  *erf**a**hren : du erf**ä**hrst, er erf**ä**hrt* (apprendre)

- Changement de la voyelle *-e-* du radical en *-i-* ou *-ie-* aux 2e et 3e personnes du singulier. Les terminaisons sont les mêmes que pour les faibles : *-e, -st, -t, -en, -t, -en* :
  ***le**sen : du **lie**st, er **lie**st* (lire)
  ***se**hen : die **sie**hst, er **sie**ht* (voir)
  *tr**e**ffen : du tr**i**ffst, er tr**i**fft* (rencontrer)
  *g**e**ben : du g**i**bst, er g**i**bt* (donner)

À retenir

- Verbes faibles :
– radical du verbe + *-e, -st, -t, -en, -t, -en* ;
– pas de *-s-* si le radical se termine avec *-s, -ß, -z* ;
– intercaler un -e- aux 2e et 3e personnes du singulier si le radical se termine par *-d, -t, -m, -n.*

- Verbes forts :
– radical du verbe + *-e, -st, -t, -en, -t, -en* ;
– changement de la voyelle *-a-* du radical en *-ä-* aux 2e et 3e personnes du singulier ;
– changement de la voyelle *-e-* du radical en *-i-* ou *-ie-* aux 2e et 3e personnes du singulier.

Le prétérit

- Le prétérit est le temps du récit. Il sert également à placer un événement dans le passé. Le prétérit est souvent employé à l'écrit. Il correspond au passé simple ou à l'imparfait de la langue française :

  *Das Telefon **klingelte** als Karl ins Zimmer trat.*
  Le téléphone sonna quand Karl entra dans la chambre.
  *Bei den olympischen Spielen 2004 **gewann** Deutschland mehr als 30 Medaillen.*
  Lors de l'olympiade 2004, l'Allemagne gagnait plus de 30 médailles.

FORMATION : VERBES FAIBLES

- Ajouter au radical les terminaisons *-te, -test, -te, -ten, -tet, -ten* :

MACHEN	*FRAGEN*	*SPIELEN*
*mach**te***	*frag**te***	*spiel**te***
*mach**test***	*frag**test***	*spiel**test***
*mach**te***	*frag**te***	*spiel**te***
*mach**ten***	*frag**ten***	*spiel**ten***
*mach**tet***	*frag**tet***	*spiel**tet***
*mach**ten***	*frag**ten***	*spiel**ten***

- Si le radical du verbe se termine par *-d, -t, -m, -n* il faut intercaler un *-e-* avant la désinence pour des raisons de prononciation :

ARBEITEN	*ANTWORTEN*	*KOSTEN*
*arbeit**e**te*	*antwort**e**te*	*kost**e**te*
*arbeit**e**test*	*antwort**e**test*	*kost**e**test*
*arbeit**e**te*	*antwort**e**te*	*kost**e**te*
*arbeit**e**ten*	*antwort**e**ten*	*kost**e**ten*
*arbeit**e**tet*	*antwort**e**tet*	*kost**e**tet*
*arbeit**e**ten*	*antwort**e**ten*	*kost**e**ten*

Formation : verbes forts

- Changement de voyelle et absence de terminaison aux 2e et 3e personnes du singulier sont les caractéristiques des verbes forts au prétérit.
- Les terminaisons sont : *-ø, -st, -ø, -en, -t, -en :*

GEHEN	*FAHREN*	*GEBEN*
ging	*fuhr*	*gab*
*ging**st***	*fuhr**st***	*gab**st***
ging	*fuhr*	*gab*
*ging**en***	*fuhr**en***	*gab**en***
*ging**t***	*fuhr**t***	*gab**t***
*ging**en***	*fuhr**en***	*gab**en***

- Il faut apprendre les prétérits par cœur pour être sûr du changement de voyelle. Néanmoins il y a des tendances :
– *a* peut changer en *ie/i/u* ;
– *ei* peut changer en *i/ie/o* ;
– *e* peut changer en *o/a* ;
– *i* peut changer en *a*.

Formation : verbes mixtes/faibles irréguliers

- Ces verbes ont un changement de voyelle au radical. Quant à leur terminaison, on applique celles des verbes faibles (*-te, -test, -te, -ten, -tet, -ten*) :
  *kennen : ich **kannte**, du **kanntest*** (connaître)
  *senden: ich **sandte**, du **sandtest*** (envoyer)
  *bringen: ich **brachte**, du **brachtest*** (apporter)
  *denken: ich **dachte**, du **dachtest*** (penser)
  *wissen: ich **wusste**, du **wusstest*** (savoir)

Formation : verbes de modalité

- Ils ont les terminaisons des verbes faibles (*-te, -test, -te, -ten, -tet, -ten*) mais ils perdent leur inflexion sur la voyelle du radical :
  können ▸ *konnte* *dürfen* ▸ *durfte*
  müssen ▸ *musste* *sollen* ▸ *sollte*
  wollen ▸ *wollte* *mögen* ▸ *mochte*

Formation : les auxiliaires

- Conjugaison de *sein, haben* et *werden* au prétérit :

SEIN	*HABEN*	*WERDEN*
war	*hatte*	*wurde*
warst	*hattest*	*wurdest*
war	*hatte*	*wurde*
waren	*hatten*	*wurden*
wart	*hattet*	*wurdet*
waren	*hatten*	*wurden*

À retenir

- Verbes faibles :
  - radical du verbe + *-te, -test, -te, -ten, -tet, -ten* ;
  - intercaler un *-e-* si le radical se termine par *-d, -t, -m, -n.*
- Verbes forts :
  - radical du verbe + *-ø, -st, -ø, -en, -t, -en* ;
  - changement de voyelle aux 2e et 3e personnes du singulier.
- Verbes mixtes :
  - radical du verbe + *-te, -test, -te, -ten, -tet, -ten* ;
  - changement de voyelle aux 2e et 3e personnes du singulier.

Le parfait

- Le parfait est le temps de la narration. Il sert à placer un processus achevé dans le passé par rapport au moment du discours. Le parfait est employé à l'oral. Il correspond au passé composé de la langue française :

  *Erst heute sagt uns Monika, dass sie mit Lena ein Eis **gegessen hat.***
  C'est aujourd'hui que Monika nous dit qu'elle a mangé une glace avec Lena.
  *Wir **sind** vor einer Viertel Stunde **angekommen**.*
  Nous sommes arrivés il y a un quart d'heure.

Formation

- auxiliaire *haben* ou *sein* + participe passé.

FORMATION DU PARTICIPE II

- Verbes faibles : *ge-* + radical + *-t*. Pour les verbes dont le radical se termine en *-t, -d, -chn*, on intercale un *-e-* avant la terminaison :

  kaufen ▸ ***gekauft*** (acheter)
  holen ▸ ***geholt*** (chercher)
  arbeiten ▸ ***gearbeitet*** (travailler)
  zeichnen ▸ ***gezeichnet*** (dessiner)

- Verbes faibles à particule séparable : particule + *-ge-* + radical + *-t*. Exemples :

  einkaufen ▸ *ein**ge**kauft* (faire des courses)
  aufmachen ▸ *auf**ge**macht* (ouvrir)

- Verbes faibles à particule inséparable : pas de *ge-*. Particules inséparables : *be-, emp, ent-, er-, ge-, miss-, ver-, zer-*. Exemples :

  bekommen ▸ *bekommen* (recevoir)
  beginnen ▸ *begonnen* (commencer)
  erzählen ▸ *erzählt* (raconter)
  empfehlen ▸ *empfohlen* (recommander)

- Verbes en *–ieren* : radical + *-t*. Exemples :

  telefonieren ▸ *telefonier**t*** (téléphoner)
  fotografieren ▸ *fotografier**t*** (photographier)
  fotokopieren ▸ *fotokopier**t*** (faire une photocopie)

- Verbes forts : *ge-* + radical avec changement de voyelle + *-en*. Exemples :

  gehen ▸ ***gegangen*** (aller)
  schreiben ▸ ***geschrieben*** (écrire)

- Les auxiliaires :

  haben ▸ *gehabt*
  sein ▸ *gewesen*
  werden ▸ *geworden*

- Les verbes de modalité, forme faible :

  können ▸ *gekonnt*
  müssen ▸ *gemusst*
  wollen ▸ *gewollt*
  dürfen ▸ *gedurft*
  sollen ▸ *gesollt*
  mögen ▸ *gemocht*

- Les verbes de modalité, forme infinitive. Quand le verbe de modalité est suivi d'un verbe à l'infinitif, le verbe de modalité reste à l'infinitif :

  Sie kann den Brief schreiben. Sie hat den Brief nicht schreibenkönnen.
  Elle peut écrire cette lettre. Elle n'a pas pu écrire cette lettre.
  Der Vertreter kommt heute. Der Vertreter hat heute nicht kommen können.
  Le représentant vient aujourd'hui. Le représentant n'a pas pu venir aujourd'hui.

Le choix de l'auxiliaire

- L'auxiliaire *haben.*

– Verbes transitifs :

  *Ich **habe** die Bushaltestelle gesucht.*
  J'ai cherché l'arrêt du bus.
  *Er **hat** dich gerade angerufen.*
  Il vient de te téléphoner.

– Verbes pronominaux :

  *Wir **haben** uns unterhalten.*
  Nous avons discuté.
  *Er **hat** sich dafür entschieden.*
  Il s'est décidé pour cela.

– Verbes impersonnels :

  *Es **hat** geregnet.*
  Il a plu.
  *Es **hat** gebrannt.*
  Ça a brûlé.

- L'auxiliaire *sein.*

– Verbes intransitifs :

  *Wir **sind** in die Hauptstadt geflogen.* (mouvement)
  Nous avons pris l'avion pour la capitale.
  *Er **ist** mit dem Auto gekommen.*
  Il est venu en voiture.

Die Blume ***ist*** *verblüht.* (changement d'état)
La fleur est fanée.
Sie ***ist*** *gestorben.*
Elle est décédée.

– Verbe *werden* :
Es ***ist*** *diesen Sommer heiß geworden.*
Il faisait chaud cet été.
Dein Sohn ***ist*** *sehr groß geworden.*
Ton fils est devenu très grand./Ton fils a beaucoup grandi.

– Verbe *sein* :
Ich ***bin*** *im August krank gewesen.*
J'étais malade au mois d'août.
Wir ***sind*** *am Montag im Kino gewesen.*
Nous étions au cinéma lundi.

– Verbe *bleiben* :
Wir ***sind*** *den ganzen Tag am Strand geblieben.*
Nous sommes restés toute la journée à la plage.
Nach dem Krieg ***ist*** *er in Deutschland geblieben.*
Après la guerre il est resté en Allemagne.

LA PLACE DU PARTICIPE

- À la fin d'un énoncé. Le verbe conjugué (*haben* ou *sein*) se trouve en deuxième position :
Er ***ist*** *mit dem Zug* ***angekommen****.*
Il est arrivé en train.
Wir ***haben*** *im Restaurant* ***gegessen****.*
Nous avons mangé au restaurant.

- Avant l'auxiliaire dans une subordonnée, parce que le verbe conjugué (*haben* ou *sein*) se trouve en dernière position :
Er sagt, dass er mit dem Zug ***angekommen ist****.*
Il dit qu'il est arrivé en train.
Sie sagt, dass sie im Restaurant ***gegessen haben****.*
Elle dit qu'ils ont mangé au restaurant.

À retenir

- Formation : *haben* ou *sein* conjugué au présent + participe II
- Participe passé des verbes faibles : *ge-* + radical + *-t*. Intercaler un *-e-* si le radical se termine avec *-d, -t, -chn*.
- Participe passé des verbes faibles à particule séparable : particule + *-ge-* + radical + *-t*.
- Participe passé des verbes faibles à particule inséparable : pas de *ge-*.
- Participe passé des verbes en *-ieren* : radical + *-t* (pas de *ge-*).
- Participe passé des verbes forts : *ge-* + radical avec changement de voyelle + *-en*.
- Changement des voyelles

<u>À retenir pour le changement des voyelles</u>

INFINITIF	PRÉTÉRIT	PARTICIPE II
	i	*a*
a	*ie*	*a*
	u	*a*

INFINITIF	PRÉTÉRIT	PARTICIPE II
	i	*i*
ei	*ie*	*ie*
	o	*o*

INFINITIF	PRÉTÉRIT	PARTICIPE II
	o	*o*
e	*a*	*e*
	a	*o*

INFINITIF	PRÉTÉRIT	PARTICIPE II
	a	*u*
i	*a*	*o*
		o

Le plus-que-parfait

- Le plus-que-parfait a un emploi peu fréquent en allemand. Il décrit un événement « A » situé plus loin dans le passé qu'un événement « B » qui se situe aussi dans le passé :

Formation

- prétérit du verbe *haben* ou *sein* + participe II :

  Er ***hatte*** *bei AEG* ***gearbeitet****.*

  Il avait travaillé chez AEG.

  Der Zug ***war*** *leider schon* ***abgefahren****.*

  Malheureusement le train était déjà parti.

Analyse de quelques phrases où est employé le plus-que-parfait :

ÉVÉNEMENT A	ÉVÉNEMENT B
Nachdem er sein Auto ***geparkt hatte,*** Après avoir garé sa voiture,	***ging*** *er zum Aufzug.* il est allé à l'ascenseur.
Der Zug ***war*** *leider schon* ***abgefahren,*** Malheureusement le train était déjà parti	*als wir zum Bahnhof* ***kamen.*** lorsque nous sommes arrivés à la gare
Der Schnee ***war geschmolzen,*** La neige était fondue	*als ich in den Bergen* ***ankam.*** lorsque je suis arrivé à la montagne.
PLUS-QUE-PARFAIT	**PRÉTÉRIT**
événement antérieur à l'événement au prétérit	événement situé dans le passé

À retenir

- Formation : *haben* ou *sein* cojugués au prétérit + participe II.

Le futur

L'ALLEMAND A DEUX POSSIBILITÉS POUR L'EXPRIMER

- Au présent avec une indication de temps :

  Morgen fahren *wir nach München zu einer Messe.*
  Demain nous partons à Munich pour un salon.
  Kommen *Sie auch zur Eröffnung des Geschäftes* ***am nächsten Mittwoch****?*
  Vous venez aussi à l'ouverture du magasin mercredi prochain ?

- Avec un temps du futur.

Le futur I

- Le futur I désigne un événement qui doit ou peut se dérouler dans le futur. L'équivalent français est le futur proche.

FORMATION

- le verbe *werden* au présent + infinitif :

  Wir ***werden*** *nach Mexiko* ***fliegen****.*
  Nous allons partir au Mexique.
  Die Direktion ***wird*** *das heute Abend noch einmal darüber* ***diskutieren****.*
  La direction en discutera encore une fois ce soir.
  Der Bundespräsident ***wird*** *vor dem Bundestag eine Rede* ***halten****.*
  Le président de l'Allemagne fédérale fera un discours devant le parlement.

Le futur II

- Le futur II peut être employé dans deux cas différents :
- pour exprimer l'accompli au futur ;
- pour exprimer une supposition.

- Le futur II correspond au futur antérieur en français.

FORMATION

- le verbe *werden* au présent + participe II + le verbe *haben* à l'infinitif :

*Er **wird** die Statistik bis Freitag **fertiggestellt haben.***

D'ici vendredi, il aura terminé la statistique.

*Sie **wird** wohl eine Nachricht **hinterlassen haben**.*

Ella aura certainement laissé un message.

À retenir

- Le futur I : conjuguer werden au présent + infinitif.
- Le futur II : conjuguer *werden* au présent + participe II + *haben* à l'infinitif.

3 LE SUBJONCTIF I : LE DISCOURS INDIRECT

- Le subjonctif I sert à rapporter les paroles d'une tierce personne. On l'appelle aussi le discours indirect qui est essentiellement réservé à la langue écrite (textes officiels, articles journalistiques). La langue orale utilise plutôt l'indicatif.

- Le subjonctif I est souvent introduit par des verbes comme :

sagen : er sagt, dass... (il dit que...)

behaupten : er behauptet, dass... (il prétend que...)

antworten : er antwortet, dass... (il répond que...)

glauben : er glaubt, dass... (il croit que...)

- Le *dass* peut être omis. Dans ce cas là, il faut changer la position du verbe :

*Er sagt, **dass** er jetzt in einer Sitzung **sei**.*

Il dit qu'il est dans une réunion.

*Er sagt, er **sei** jetzt in einer Sitzung.*

Il dit qu'il est dans une réunion.

*Er behauptet, **dass** er nach München **gefahren sei.***

Il prétend qu'il est allé à Munich.

*Er behauptet, er **sei** nach München **gefahren**.*

Il prétend qu'il est allé à Munich.

Le subjonctif I au présent

FORMATION

- radical de l'infinitif + les terminaisons *-e, -est, -e, -en, -et, -en*. Exemples :

ANTWORTEN	*SCHREIBEN*	*TELEFONIEREN*
antworte	*schreibe*	*telefoniere*
antwortest	*schreibest*	*telefonierest*
antworte	*schreibe*	*telefonier*
antworten	*schreiben*	*telefonieren*
antwortet	*schreibet*	*telefonieret*
antworten	*schreiben*	*telefonieren*

- Les exemples montrent que la conjugaison de certaines personnes (1re personne du singulier, 1re personne du pluriel, 3e personne du pluriel) sont identiques au subjonctif I et au présent de l'indicatif.
- Les auxiliaires *sein* et *haben* suivent la même construction :

SEIN	*HABEN*	*WERDEN*
sei	*habe*	*werde*
sei(e)st	*habest*	*werdest*
sei	*habe*	*werde*
seien	*haben*	*werden*
seiet	*habet*	*werdet*
seien	*haben*	*werden*

Autres emplois possibles

- un souhait :

  Hoch lebe die Königin!
  Vive la reine !
  Es möge endlich regnen!
  Pourvu qu'il pleuve enfin !

- un ordre :

  Er schreibe den Brief!
  Qu'il écrive la lettre !
  Sie gehe hinaus!
  Qu'elle sorte !

- une supposition :

  Nehmen wir an, er sei krank.
  Supposons qu'il soit malade.

- une concession :

  Was auch passiere, ich werde kommen.
  Quoi qu'il arrive, je vais venir.

Le subjonctif I au passé

FORMATION

- *haben* ou *sein* au subjonctif I + participe II :

KAUFEN	*LAUFEN*
habe eingekauft	*sei gelaufen*
habest eingekauft	*seiest gelaufen*
habe eingekauft	*sei gelaufen*
haben eingekauft	*seien gelaufen*
habet eingekauft	*seiet gelaufen*
haben eingekauft	*seien gelaufe*

EMPLOI

- Il s'emploie pour exprimer le passé dans un discours indirect. Bien que toutes les formes existent, il y a une restriction par rapport aux verbes se conjugant avec l'auxiliaire *haben* : il n'est employé qu'aux 2e et 3e personnes du singulier et à la 2e personne du pluriel. Pour les autres pronoms personnels il faut utiliser le subjonctif II. En ce qui concerne les verbes se conjugant avec *sein*, il n'y a pas de restriction :

  *Sie sagte, sie **habe** das Obst schon **eingekauft**.*
  Elle a dit qu'elle avait déjà acheté les fruits.
  *Er sagte, er **sei** 100 Meter **gelaufen**.*
  Il a dit qu'il avait couru 100 mètres

Le subjonctif I au futur

FORMATION

- *werden* au subjonctif I + infinitif. Exemples :

  Sie werde morgen einkaufen.
  Elle fera les courses demain.
  *Er **werde** Morgen nach Berlin **fliegen**.*
  Il prendra l'avion pour Berlin demain.

EMPLOI

- Il s'emploie pour exprimer le futur dans un discours indirect. L'emploi est quasiment réservé à la 3e personne du singulier :

  *Die Sekretärin sagte mir, sie **werde** den Brief noch heute **schreiben**.*
  La secrétaire m'a dit qu'elle écrirait la letter aujourd'hui même.

Le discours indirect : concordances

LES TEMPS DES VERBES

- Tableau de concordance des temps :

DISCOURS DIRECT	DISCOURS INDIRECT
Er sagt : « Er telefoniert ». (indicatif présent)	*Er sagt, er telefoniere.* (subjonctif I présent)

•••

DISCOURS DIRECT	DISCOURS INDIRECT
Er sagt : « Er telefonierte ». (prétérit)	*Er sagt, er habe telefoniert.* (subjonctif I passé)
Er sagt : « Er hat telefoniert ». (parfait)	*Er sagt, er habe telefoniert.* (subjonctif I passé)
Er sagt : « Er hatte telefoniert ». (plus-que-parfait)	*Er sagt, er habe telefoniert.* (subjonctif I passé)
Er sagt : « Er werde telefonieren ». (futur)	*Er sagt, er werde telefonieren.* (subjonctif I futur)

CHANGEMENT DES PRONOMS

- Exemples :

  *Er sagt : « Das ist **mein** Computer ». Er sagt, es sei **sein** Computer.*

  Il dit : « C'est mon ordinateur ». Il dit que c'est son ordinateur

  ***Ich** hole den Direktor vom Flughafen ab. ... **er** hole den Direktor vom Flughafen ab.*

  Je vais chercher le directeur à l'aéroport. ... qu'il va chercher le directeur à l'aéroport.

CHANGEMENT DES ADVERBES ET LOCUTIONS ADVERBIALES DE TEMPS

- Exemples :

  *Das Geschäft öffnet am Mittwoch. **Gestern** haben wir die Waren in die Regale geräumt.*

  Le magasin ouvre mercredi. Hier nous avons mis les marchandises sur les étagères.

  *Er sagte das Geschäft öffne am Mittwoch. **Am Tag zuvor** hätten sie die Waren in die Regale geräumt.*

  Il a dit que le magasin ouvrait mercredi et que, la veille, ils avaient mis les marchandises sur les étagères.

À retenir

- Subjonctif I présent : radical de l'infinitif + *-e, -est, -e, -en, -et, -en.*
- Subjonctif I passé : conjuguer les auxiliaires *haben* ou *sein* au subjonctif I + participe II.
- Subjonctif I futur : conjuguer l'auxiliaire *werden* au subjonctif I + infinitif.
- Emploi : rapporter un discours, exprimer un souhait, un ordre, une supposition, une concession.
- Attention à la concordance des temps.

❹ LE SUBJONCTIF II

Le subjonctif II au présent

Formation

- radical du prétérit + les terminaisons *-e, -est, -e, -en, -et, -en.*
- La voyelle des verbes forts et des verbes de modalité (sauf *sollen* et *wollen*) et les verbes faibles irréguliers (mixtes) reçoivent une inflexion :

schreiben	▸	*schriebe*	*denken*	▸	*dächte*	*mögen*	▸	*möchte*
wissen	▸	*wüsste*	*gehen*	▸	*ginge*	*müssen*	▸	*müsste*
brauchen	▸	*bräuchte*	*geben*	▸	*gäbe*	*lassen:*	▸	*ließe*
wollen	▸	*wollte*	*sollen*	▸	*sollte*	*kommen*	▸	*käme*

HABEN	***SEIN***	***WERDEN***
hätte	*wäre*	*würde*
hättest	*wärest*	*würdest*
hätte	*wäre*	*würde*
hätten	*wären*	*würden*
hättet	*wäret*	*würdet*
hätten	*wären*	*würden*

Würden + infinitif

- Cette forme est souvent employée pour les **verbes faibles** afin d'éviter la confusion avec le prétérit car les deux formes sont identiques.
- « *Würden* + infinitif » est une forme alternative plus simple dans sa construction. Elle évite des fautes de grammaire certes, mais correspond à un niveau de langue inférieur par rapport à l'emploi d'un vrai subjonctif II :

INFINITIF	**PRÉTÉRIT**	**SUBJONCTIF II PRÉSENT**	
		FORME FORTE	**FORME COMPOSÉE**
sagen	*er sagte*	*er sagte*	*er würde sagen*
holen	*wir holten*	*wir holten*	*wir würden holen*
bauen	*ihr bautet*	*ihr bautet*	*ihr würdet bauen*
spielen	*ich spielte*	*ich spielte*	*ich würde spielen*

Emploi

- l'hypothèse :

  Wenn ich nur reich wäre.
  Si seulement j'étais riche.
  Hätte ich Zeit, könnte ich lernen.
  Si j'avais le temps, je pourrais apprendre.

- la politesse :

  Könnten Sie mir ein Glas Wasser geben?
  Pourriez-vous me donner un verre d'eau s'il vous plait ?
  Hätten Sie bitte Feuer?
  Auriez-vous du feu s'il vous plait ?

- la comparaison :
  Er tut, als ob er arbeite.
  Il fait comme s'il travaillait.
- l'irréel :
  Er tut, als sei er der klügste.
  Il fait comme s'il était le plus intelligent.

Le subjonctif II au passé

Formation

- *haben* ou *sein* au subjonctif II présent + participe II. Exemples :
  *Ich **hätte** das nicht **geschrieben**.*
  Je ne l'aurais pas écrit.
  *Wir **wären** nicht mit dem Auto **gefahren**.*
  Nous n'aurions pas pris la voiture.

Emploi

- un regret :
  Hätte ich nur den Gashahn zugedreht.
  Si seulement j'avais fermé le robinet du gaz.
  Wären wir nur vorsichtiger mit dem Motorrad gefahren…
  Si nous avions conduit la moto avec plus de prudence…
- avec *beinahe* :
  Sie wäre beinahe Siegerin geworden.
  Elle a failli être le vainqueur.
  Das Auto wäre beinahe ins Meer gefahren.
  La voiture a failli rentrer dans la mer.

Le subjonctif II au futur

Formation

- *werden* au subjonctif II au présent + infinitif. Exemple :
  *Ich **würde** den Brief **schreiben**.*
  J'écrirais cette lettre.

Emploi

- Cette structure est l'équivalent du conditionnel en français :
  *Ich **würde** den Brief **schreiben**, wenn der Computer funktionierte.*
  J'écrirais la lettre si l'ordinateur marchait.
- Dans la langue écrite, on emploie le subjonctif II dans la proposition subordonnée et *würde* + infinitif dans la proposition principale :
  *Wenn ich nicht so müde **wäre**, **würde** ich zu Fuß **gehen**.*
  Si je n'étais pas si fatigué, j'irais à pied.
- On constate une tendance à l'emploi de *würde* + infinitif pour la proposition subordonnée à l'oral :
  Wenn sie nicht so viel reden würde, würde ich sie zum Essen einladen.
  Si elle ne parlait pas autant, je l'inviterais à manger.

À retenir

- Subjonctif II présent : radical du prétérit + *-e, -est, -e, -en, -et, -en* ou bien l'auxiliaire *werden* au subjonctif II présent + infinitif.
- Subjonctif II passé : conjuguer les auxiliaires *haben* ou *sein* au subjonctif II présent + participe II.
- Subjonctif II futur : conjuguer l'auxiliaire *werden* au subjonctif I présent + infinitif.
- Emploi du subjonctif II : pour situer le passé dans un discours rapporté ; pour exprimer une hypothèse, une comparaison irréelle, un regret ; dans une formule de politesse.

5 L'IMPÉRATIF

- Avant d'exprimer un ordre, il faut savoir si on tutoie ou si on vouvoie la personne.

Formation

- Radical au singulier + terminaisons *-ø, -t, -en.*

Tutoiement d'une personne

- Supprimer le *-st* de la 2e personne du singulier, ne pas ajouter de terminaison :

gehen : *du gehst* ▸ *geh!*
geben : *du gibst* ▸ *gib!*
arbeiten : *du arbeitest* ▸ *arbeite!*
nehmen : *du nimmst* ▸ *nimm!*
lesen : *du liest* ▸ *lies!*
schreiben : *du schreibst* ▸ *schreib!*

- Pas d'inflexion :

laufen : *du l**ä**ufst* ▸ *l**a**uf!*
schlafen : *du schl**ä**fst* ▸ *schl**a**f!*
fahren : *du f**ä**hrst* ▸ *f**a**hr!*

Tutoiement d'au moins deux personnes

- C'est la même forme que celle de la 2e personne du pluriel :

gehen : *ihr geht* ▸ *geht!*
geben : *ihr gebt* ▸ *gebt!*
arbeiten *ihr arbeitet* ▸ *arbeitet!*
nehmen : *ihr nehmt* ▸ *nehmt!*
lesen : *ihr lest* ▸ *lest!*
schreiben : *ihr schreibt* ▸ *schreibt!*
laufen : *ihr lauft* ▸ *lauft!*
schlafen : *ihr schlaft* ▸ *schlaft!*
fahren : *ihr fahrt* ▸ *fahrt!*

Vouvoiement d'une ou de plusieurs personnes

- C'est la même forme que celle de la 3ᵉ personne du pluriel :

gehen :	*sie gehen*	▸ *gehen Sie!*
arbeiten :	*sie arbeiten*	▸ *arbeiten Sie!*
lesen :	*sie lesen*	▸ *lesen Sie!*
laufen :	*sie laufen*	▸ *laufen Sie!*

À retenir

- Tutoiement d'une personne : radical de la 2ᵉ personne du singulier ; ne pas mettre d'inflexion.
- Tutoiement de plusieurs personnes : employer la forme de la 2ᵉ personne du pluriel.
- Vouvoiement : employer la forme de la 3ᵉ personne du pluriel.

6 LE PASSIF

Formation

- Conjuguer l'auxiliaire *werden* au temps voulu + participe II.
- Le COD (complément à l'accusatif) de la phrase active devient le sujet (nominatif) de la phrase passive. Le sujet de la phrase active devient, par conséquent, un complément d'agent de la phrase passive :

L'enfant construit un petit château de sable.
Das Kind baut *eine kleine Sandburg*. (phrase active)
sujet accusatif

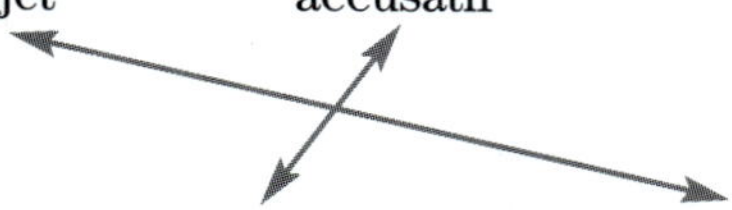

Eine kleine Sandburg wird von dem Kind gebaut. (phrase passive)
sujet complément d'agent
Le petit château de sable est construit par l'enfant.

- Il faut faire attention au singulier et au pluriel dans les deux phrases respectives :

Les enfants ramassent des cailloux.
Die Kinder ***sammeln*** *Steine*. (phrase active)
sujet *accusatif/pluriel*

Steine ***werden*** *von den Kindern gesammelt.* (phrase passive)
sujet/pluriel *complément d'agent*
Des cailloux sont ramassés par des enfants.

Les temps

- présent passif : *wird* + participe II. Exemple :
  Die Sekretärin schreibt den Brief.
  Der Brief ***wird*** *von der Sekretärin* ***geschrieben****.*
  La lettre est tapée par la secrétaire.
- prétérit passif : *wurde* + participe II. Exemple :
  Die Sekretärin schrieb den Brief.
  Der Brief ***wurde*** *von der Sekretärin* ***geschrieben****.*
  La lettre fut tapée par la secrétaire.
- parfait passif : *sein* au présent + participe II + *worden*. Exemple :
  Die Sekretärin hat den Brief geschrieben.
  Der Brief ***ist*** *von der Sekretärin* ***geschrieben worden****.*
  La lettre a été tapée par la secrétaire.
- plus-que-parfait passif : *sein* au prétérit + participe II + *worden*. Exemple :
  Die Sekretärin hatte den Brief geschrieben.
  Der Brief ***war*** *von der Sekretärin* ***geschrieben worden****.*
  La lettre avait été tapée par la secrétaire.
- futur passif : *werden* au présent + participe II + *werden*. Exemple :
  Die Sekretärin wird den Brief schreiben.
  Der Brief ***wird*** *von der Sekretärin* ***geschrieben werden****.*
  La lettre sera tapée par la secrétaire.

À retenir

	VOIX ACTIVE	VOIX PASSIVE
INFINITIF	*schreiben*	*geschrieben werden*
PRÉSENT	*schreibt*	*wird geschrieben*
PRÉTÉRIT	*schrieb*	*wurde geschrieben*
PARFAIT	*hat geschrieben*	*ist geschrieben worden*
PLUS-QUE-PARFAIT	*hatte geschrieben*	*war geschrieben worden*
FUTUR	*wird schreiben*	*wird geschrieben werden*

Le passif avec des verbes de modalité

- présent passif :
  Die Sekretärin muss den Brief schreiben.
  Der Brief muss von der Sekretärin ***geschrieben werden****.*
  La lettre doit être tapée par la secrétaire.

- prétérit passif :

  Die Sekretärin musste den Brief schreiben.

  Der Brief ***musste*** *von der Sekretärin* ***geschrieben werden****.*

  La lettre devait être tapée par la secrétaire.

- parfait passif :

  Die Sekretärin hat den Brief schreiben müssen.

  Der Brief ***hat*** *von der Sekretärin* ***geschrieben werden müssen****.*

  La lettre a dû être tapée par la secrétaire.

- plus-que-parfait passif :

  Die Sekretärin hatte den Brief schreiben müssen.

  Der Brief ***hatte*** *von der Sekretärin* ***geschrieben werden müssen****.*

  La lettre avait dû être tapée par la secrétaire.

- futur passif :

  Die Sekretärin wird den Brief schreiben müssen.

  Der Brief ***wird*** *von der Sekretärin* ***geschrieben werden müssen.***

  La lettre aura dû être tapée par la secrétaire.

Le passif avec des compléments d'agent

- Le complément d'agent est introduit par la préposition *von* + datif :

  Der Brief ist ***von der Sekretärin*** *geschrieben worden.*

  La lettre a été tapée par la secrétaire.

  Der Brief wurde ***vom Briefträger*** *gebracht.*

  La lettre avait été apportée par le facteur.

- Quand le complément d'agent exprime un moyen, on emploie la préposition *durch* + accusatif :

  Diese Informationen sind ***durchs Internet*** *verbreitet worden.*

  Ces informations ont été propagées par l'Internet.

  Der Patient ist ***durch die Operation*** *gerettet worden.*

  Le patient a été sauvé par/grâce à l'opération.

Le passif « impersonnel »

- Ces phrases en allemand n'ont pas de sujet. Le français utilisera le pronom indéfini « on » :

  In den Ferien ***wird*** *nicht* ***gearbeitet.***

  On ne travaille pas pendant les vacances.

  Hier ***wird*** *Deutsch* ***gesprochen****.*

  On parle l'allemand ici.

Le passif « impersonnel » avec le pronom explétif *es*

- Le *es* occupe la place du sujet dans la phrase, bien qu'il soit vide de sens :

  Es *wird hier Deutsch gesprochen.*

  On parle l'allemand ici.

  Es *wurde viel getanzt.*

  On dansait beaucoup.

À retenir

- Présent : *wird* + participe II.
- Prétérit : *wurde* + participe II.
- Parfait : conjuguer *sein* au présent + participe II + *worden.*
- Plus-que-parfait : conjuguer *sein* au prétérit + participe II + *worden.*
- Futur : conjuguer *werden* au présent + participe II + *werden.*
- L'agent d'action est exprimé par *von* + datif.
- Le moyen est exprimé par *durch* + accusatif.
- *Es* s'emploie pour exprimer le passif « impersonnel » avec les verbes de modalité : double infinitif pour les temps composés.
- Attention au singulier/pluriel du verbe dans la phrase passive.

7 LA PROPOSITION INFINITIVE

- Dans la proposition infinitive, le verbe reste à l'infinitif bien que, du fait de sa place, il soit supposé être conjugué.
- Le sujet de la proposition principale doit être le même que celui de la proposition infinitive.

Propositions avec *um... zu, ohne... zu, anstatt... zu*

- Exemples :

  *Er kam **um** Tennis **zu** spielen.*
  Il est venu pour jouer au tennis.
  *Wir gehen ins Schwimmbad **um zu** schwimmen.*
  Nous allons à la piscine pour nager.
  *Er ging ins Bett **ohne** sich die Zähne **zu** putzen.*
  Il allait au lit sans s'être brossé les dents.
  *Sie ging ins Geschäft **ohne** ihre Geldbörse mit**zu**nehmen.*
  Elle alla au magasin sans emmener son porte-monnaie.
  ***Anstelle** Vokabeln **zu** lernen, ging er ins Schwimmbad.*
  Au lieu d'apprendre le vocabulaire, il alla à la piscine.
  *Er bleibt im Bett, **anstelle** auf**zu**stehen.*
  Il reste au lit au lieu de se lever.

Propositions sans *zu*

- On n'emploie pas *zu* avec un verbe de modalité :

  Er konnte nicht kommen.
  Il ne pouvait pas venir.
  Sie will nach Rom fiegen.
  Elle veut partir pour Rome.

Sie darf nicht ins Kino gehen.
Elle n'a pas le droit d'aller au cinéma.

- On n'emploie pas *zu* après les verbes *sehen, gehen, lassen, machen* :
  Ich sehe ihn kommen.
  Je le vois arriver.
  Er lässt das Auto waschen.
  Il fait laver la voiture.
  Das macht mich müde.
  Cela me fait dormir.

- On n'emploie pas *zu* après les verbes *bleiben, finden, haben* combinés avec un verbe de position :
  Sie bleibt den ganzen Tag im Bett liegen.
  Elle reste toute la journée au lit.
  Der Arzt fand den Patienten auf dem Boden liegen.
  Le docteur trouva le patient couché par terre.
  Er hat eine Kiste Bücher auf dem Speicher liegen.
  Il a une caisse de livres au grenier.

À retenir

- On n'emploie pas *zu* avec un verbe de modalité.
- On n'emploie pas *zu* après les verbes *sehen* (voir), *hören* (entendre), *gehen* (aller), *lassen* (laisser), *machen* (faire).
- On n'emploie pas *zu* après les verbes *bleiben* (rester), *finden* (trouver), *haben* (avoir) combiné avec un verbe de position (*liegen, stehen, sitzen*).

Propositions avec *zu*

- *Zu* se place avant le verbe à l'infinitif. *Zu* + verbe se trouvent à la fin de la proposition :
  *Ich freue mich, von Ihnen **zu** hören.*
  Je me réjouis de recevoir de vos nouvelles.
  *Ich habe keine Lust **zu** lernen.*
  Je n'ai pas envie d'apprendre.
  *Er hat nichts **zu** tun.*
  Il n'a rien à faire.

- *Zu* se place entre le complément et le verbe. Dans ce cas-là, il faut mettre une virgule avant la proposition infinitive :
  *Ich rate dir, nicht nach Berlin **zu** fahren.*
  Je te conseille de ne pas aller à Berlin.
  *Ich habe keine Lust, Vokabeln **zu** lernen.*
  Je n'ai pas envie d'apprendre le vocabulaire.
  *Er hat versucht, sich Mühe **zu** geben.*
  Il a essayé de faire des efforts.

- *Zu* s'intercale entre la particule et l'infinitif des verbes à particule séparable :

  *Ich habe vergessen, dich an**zu**rufen.*
  J'ai oublié de te téléphoner.
  *Er freute sich, mich wieder**zu**sehen.*
  Il se réjouissait de me revoir.
  *Er versprach mir, mich am Bahnhof ab**zu**holen.*
  Il me promettait de venir me chercher à la gare.

À retenir

- *Zu* se place avant le verbe à l'infinitif.
- *Zu* se place entre le complément et le verbe à l'infinitif.
- *Zu* s'intercale entre la particule séparable et l'infinitif.
- Verbes souvent suivis de la construction *zu* + infinitif : *aufhören* (cesser), *gefallen* (plaire), *versprechen* (promettre), *anfangen* (commencer), *vergessen* (oublier), *sich freuen* (se réjouir), *bitten* (prier de).

Le double infinitif

- Il s'emploie quand le parfait et le plus-que-parfait sont combinés avec un verbe de modalité. Le verbe de modalité est aussi à l'infinitif. On aura alors une succession de deux verbes à l'infinitif :

  Sie hat nicht ausgehen dürfen.
  Elle n'a pas pu sortir.
  Er hatte nicht fahren können.
  Il n'avait pas pu conduire.

8 LES VERBES DE MOUVEMENT ≠ LES VERBES DE POSITION

- Un petit nombre de verbes construits avec des prépositions suivies soit du datif soit de l'accusatif se ressemblent. Il convient alors de faire attention au cas.
- Exemples :

SITZEN ≠ SETZEN **ÊTRE ASSIS ≠ S'ASSEOIR**	
sitzen, saß, hat gesessen *Ich sitze auf dem Stuhl.* Je suis assis sur la chaise.	*setzen, setzte, hat gesetzt* *Ich setze mich auf den Stuhl.* Je m'asseois sur la chaise.

• • •

STEHEN ≠ STELLEN ÊTRE DEBOUT ≠ METTRE DEBOUT	
stehen, stand, hat gestanden *Das Glas steht in dem Schrank* Le verre est dans l'armoire.	*stellen , stellte, hat gestellt* *Ich stelle das Glas in den Schrank.* Je mets le verre dans l'armoire.
LIEGEN ≠ LEGEN ÊTRE COUCHÉ (ÊTRE) ≠ SE COUCHER (METTRE, POSER)	
liegen, lag, hat gelegen legen, *Das Heft liegt auf dem Tisch.* Le cahier est sur la table.	*legen, legte, hat gelegt* *Er hat das Heft auf den Tisch gelegt.* Il a posé le cahier sur la table.
HÄNGEN ÊTRE ACCROCHÉ ≠ ACCROCHER	
hängen, hing, hat gehangen *Das Bild hängt an der Wand.* L'image est accrochée au mur.	*hängen, hängte, hat gehängt* *Ich habe das Bild an die Wand gehängt.* J'a accroché l'image au mur.

À retenir

- Les **verbes de position** sont des verbes forts suivis du **datif** :
  sitzen + dat. *stehen* + dat. *liegen* + dat. *hängen* + dat.
- Les **verbes de mouvement** sont des verbes faibles suivis de **l'accusatif**.
  setzen + acc. *stellen* + acc. *legen* + acc. *hängen* + acc.

9 RECTION DES VERBES

- La rection des verbes est l'expression technique pour désigner le fait que le verbe est soit tout de suite suivi d'un cas, soit suivi d'une préposition puis le cas.

an + datif

- *arbeiten an* = travailler sur :
  Er arbeitet an diesem Projekt.
  Il travaille sur ce projet.
- *leiden an* = souffrir de :
  Sie leidet an Kopfschmerzen.
  Elle souffre de maux de tête.

- *mitwirken an* = participer à :
  Er hat an der Ausarbeitung des Buches mitgearbeitet.
  Il a participé à l'élaboration du livre.

- *sich beteiligen an* = participer à :
  Ich werde mich an der Wahl beteiligen.
  Je vais participer à l'élection.

- *sterben an* = mourir de :
  Er starb an Herzversagen.
  Il mourut d'un arrêt cardiaque.

- *teilnehmen an* = participer à
  Sie nimmt an der Konferenz teil.
  Elle participe à la conférence.

- *zweifeln an* = douter de :
  Ich zweifle an seiner Aufrichtigkeit.
  Je doute de son honnêteté.

an + accusatif

- *denken an* = penser à :
  Ich denke an dich.
  Je pense à toi.
- *glauben an* = croire à :
  Ich glaube diese Geschichte nicht.
  Je ne crois pas à cette histoire.

- *schreiben an* = écrire à :
  Sie schreibt an den Kunden.
  Elle écrit au client.

- *sich erinnern an* = se souvenir de :
  Er erinnert sich an den Erfolg.
  Il se souvient du succès.

- *sich gewöhnen an* = s'habituer à :
  Er kann sich nicht daran gewöhnen.
  Il ne peut pas s'habituer à cela.

in + datif

- *ankommen in* = arriver à :
  Wir kommen in Berlin an.
  Nous arrivons à Berlin.

in + accusatif

- *sich verlieben in* = s'éprendre de :
  Er hat sich in sie verliebt.
  Il s'est épris d'elle.

- *übersetzen in* = traduire en :
  Ins Deutsche übersetzen.
  Traduire en allemand.

auf + accusatif

- *achten auf* = faire attention à :
  Du musst auf die Stufen achten.
  Tu dois faire attention aux marches.
- *antworten auf* = répondre à :
  Sie antwortet auf den Brief.
  Elle répond à la lettre.
- *hoffen auf* = espérer :
  Er hoffte auf eine Lohnerhöhung.
  Il espérait une augmentation.
- *reagieren auf* = réagir à :
  Er hat sehr heftig auf diesen Brief reagiert.
  Il a réagi avec véhémence à cette lettre.
- *sich berufen auf* = s'appuyer sur :
  Er beruft sich auf das Gesetz.
  Il s'appuie sur la loi.
- *sich freuen auf* = se réjouir de :
  Ich freue mich auf den Urlaub.
  Je me réjouis des vacances.
- *sich verlassen auf* = se fier à :
  Ich habe mich auf dich verlassen.
  Je me suis fié à toi.
- *sich vorbereiten auf* = se préparer à :
  Ich bereite mich auf das Examen vor.
  Je me suis prépare à l'examen.
- *verzichten auf* = renoncer à :
  Ich verzichte auf den Thron.
  Je renonce au trône.
- *warten auf* = attendre :
  Sie hat am Bahnhof auf dich gewartet.
  Elle a attendu à la gare.
- *zählen auf* = compter sur :
  Du kannst auf mich zählen.
  Tu peux compter sur moi.

für + accusatif

- *halten für* = considérer comme :
  Sie hält sich für einen Star.
  Elle se considère comme une star.
- *kämpfen für* = lutter pour :
  Er kämpft für den Frieden.
  Il lutte pour la paix.

- *sich bedanken für* = remercier de :
  Er bedankt sich für den Empfang.
  Il remercie de l'accueil.
- *sich eignen für* = être apte à :
  Er ist nicht für diesen Posten geeignet.
  Il n'est pas apte à ce poste.
- *sich entscheiden für* = se décider pour :
  Sie hat sich für Berlin entschieden.
  Elle s'est décidée pour Berlin.
- *sich interessieren für* = s'intéresser à :
  Ich interessiere mich für Sport.
  Je m'intéresse au sport.
- *sorgen für* = prendre soin de :
  Sie sorgt für ihre Kinder.
  Elle prend soin des enfants.

gegen + accusatif

- *kämpfen gegen* = lutter contre :
  Sie kämpft gegen die Ungerechtigkeit.
  Elle lutte contre l'injustice.

um + accusatif

- *beneiden um* = envier :
  Er beneidet ihn um die Stelle.
  Il lui envie son poste.
- *bitten um* = prier de :
  Sie bitten ihn um eine Unterredung.
  Ils lui prient de leur accorder un entretien.
- *kämpfen um* = lutter pour :
  Ich kämpfe um meine Freiheit.
  Je lutte pour ma liberté.
- *sich bewerben um* = poser sa candidature à :
  Er bewirbt sich um die Stelle.
  Il pose sa candidature pour ce poste.
- *sich handeln um* = s'agir de :
  Es handelt sich um die Lohnerhöhung.
  Il s'agit d'une augmentation de salaire.
- *sich kümmern um* = s'occuper de :
  Er kümmert sich um den Wein.
  Il s'occupe du vin.

aus + datif

- *bestehen aus* = consister en :
  Bier besteht aus Hopfen, Malz und Wasser.
  La bière consiste en houblons, malt et eau.
- *stammen aus* = être originaire de :
  Wir stammen aus Deutschland.
  Nous sommes originaires de l'Allemagne.

mit + datif

- *anfangen mit* = commencer par :
  Mit was fängst du an? Ich fange mit dem Brief an.
  Tu commences par quoi ? Je commence par la lettre.
- *ausstatten mit* = équiper de :
  Das Zimmer ist mit einem großen Bett ausgestattet.
  La chambre est équipée d'un grand lit.
- *enden mit* = s'achever par :
  Der Text endet mit einem Aufruf.
  Le texte s'achève par un appel.
- *sich befassen mit* = s'occuper de :
  Er befasst sich mit Gentechnik.
  Il s'occupe de la génétique.
- *sich begnügen mit* = se contenter de :
  Er begnügt sich mit Wasser und Brot.
  Il se contente de l'eau et du pain.
- *sich verstehen mit* = s'entendre avec :
  Ich verstehe mich gut mit ihr.
  Je m'entends bien avec elle.
- *telefonieren mit* = téléphoner à :
  Sie telefoniert mit ihrem Direktor.
  Elle téléphone à son directeur.
- *vergleichen mit* = comparer à :
  Sie vergleicht die Waren miteinander.
  Elle compare les marchandises.

nach + datif

- *fragen nach* = demander :
  Ich habe nach dir gefragt.
  J'ai demandé après toi.
- *schmecken nach* = avoir le goût de :
  Das schmeckt nach Seife!
  Ça a un goût de savon !

- *sich richten nach* = se conformer à :
  Das Wetter richtet sich nach der Jahreszeit.
  Le temps est conforme à la saison.
- *sich sehnen nach* = avoir la nostagie de :
  Wir sehnen uns nach den alten Zeiten.
  Nous avons la nostalgie du bon vieux temps.
- *suchen nach* = rechercher :
  Die Polizei sucht nach dem Verbrecher.
  La police recherche le cambrioleur.

von + datif

- *abhängen von* = dépendre de :
  Das hängt von dir ab.
  Cela dépend de toi.
- *erwarten von* = attendre de :
  Der Direktor erwartet viel von mir.
  Le directeur attend beaucoup de moi.
- *profitieren von* = tirer profit de :
  Er hat von seiner Ausbildung profitiert.
  Il a tiré profit de sa formation.
- *sprechen von* = parler de :
  Er spricht von dir im Fernsehen.
  Il parle de toi à la télé.
- *träumen von* = rêver de :
  Sie träumte von einer Weltreise.
  Elle rêvait de faire le tour du monde.
- *überzeugen von* = persuader de :
  Er ist von seiner Glaubhaftigkeit überzeugt.
  Il est persuadé de sa sincérité.

vor + datif

- *erschrecken vor* = être effrayé par:
  Sie erschreckte sich vor einer Ratte.
  Elle a été effrayée par un rat.
- *fliehen vor* = fuir :
  Er floh vor dem Feuer.
  Il fuyait devant le feu.
- *schützen vor* = protéger de :
  Wir schützten uns vor dem Regen.
  Nous nous protégions de la pluie.

- *sich fürchten vor* = craindre :
  Sie fürchtet sich vor dem Gewitter.
  Elle craint l'orage.
- *warnen vor* = mettre en garde contre :
  Er warnte uns vor der Gefahr.
  Il nous mettait en garde contre le danger.
- *zittern vor* = trembler de :
  Er zitterte vor Angst.
  Il tremblait de peur.

zu + datif

- *aufrufen zu* = appeler à :
  Er ruft zum Kampf auf.
  Il appelle au combat.
- *einladen zu* = inviter à :
  Sie haben uns zur Hochzeit eingeladen.
  Ils nous ont invité au mariage.
- *gehören zu* = appartenir à :
  Dieses Buch gehört Stefanie.
  Ce livre appartient à Stéfanie.
- *gratulieren zu* = féliciter pour :
  Wir gratulieren dir zum bestandenen Examen.
  Nous te félicitons d'avoir réussi l'examen.
- *neigen zu* = avoir tendance à :
  Sie neigt zur Übertreibung.
  Elle a tendance à exagérer.
- *passen zu* = aller bien avec :
  Das Hemd passt gut zur Hose.
  La chemise va bien avec le pantalon.
- *sich entschließen zu* = se décider à :
  Er hat sich entschlossen, sich operieren zu lassen.
  Il s'est décidé à se faire opérer.
- *verpflichten zu* = obliger à :
  Er ist zum Stillschweigen verpflichtet.
  Il est obligé de garder le silence.
- *zählen zu* = compter parmi :
  Sie zählt zu den besten Schülern.
  Elle compte parmi les meilleurs élèves.

⑩ TABLEAUX DES CONJUGAISONS

Les auxiliaires : *sein, haben, werden*

	SEIN	***HABEN***	***WERDEN***
PRÉSENT	*ich bin du bist er ist wir sind ihr seid sie sind*	*ich habe du hast er hat wir haben ihr habt sie haben*	*ich werde du wirst er wird wir werden ihr werdet sie werden*
PRÉTÉRIT	*ich war du warst er war wir waren ihr wart sie waren*	*ich hatte du hattest er hatte wir hatten ihr hattet sie hatten*	*ich wurde du wurdest er wurde wir wurden ihr wurdet sie wurden*
PARFAIT	*ich bin gewesen du bist gewesen er ist gewesen wir sind gewesen ihr seid gewesen sie sind gewesen*	*ich habe gehabt du hast gehabt er hat gehabt wir haben gehabt ihr habt gehabt sie haben gehabt*	*ich bin geworden du bist geworden er ist geworden wir sind geworden ihr seid geworden sie sind geworden*
PLUS-QUE-PARFAIT	*ich war gewesen du warst gewesen er war gewesen wir waren gewesen ihr wart gewesen sie waren gewesen*	*ich hatte gehabt du hattest gehabt er hatte gehabt wir hatten gehabt ihr hattet gehabt sie hatten gehabt*	*ich war geworden du warst geworden er war geworden wir waren geworden ihr wart geworden sie waren geworden*
FUTUR	*ich werde sein du wirst sein er wird sein wir werden sein ihr werdet sein sie werden sein*	*ich werde haben du wirst haben er wird haben wir werden haben ihr werdet haben sie werden haben*	*ich werde werden du wirst werden er wird werden wir werden werden ihr werdet werden sie werden werden*
SUBJONCTIF I PRÉSENT	*ich sei du sei(e)st er sei wir seien ihr seiet sie seien*	*ich habe du habest er habe wir haben ihr habet wir haben*	*ich werde du werdest er werde wir werden ihr werdet sie werden*
SUBJONCTIF I PASSÉ	*ich sei gewesen du sei(e)st gewesen er sei gewesen wir seien gewesen ihr seiet gewesen sie seien gewesen*	*ich habe gehabt du habest gehabt er habe gehabt wir haben gehabt ihr habet gehabt sie haben gehabt*	*ich sei geworden du sei(e)st geworden er sei geworden wir seien geworden ihr seiet geworden sie seien geworden*

•••

SUBJONCTIF I FUTUR	*ich werde sein* *du werdest sein* *er werde sein* *wir werden sein* *ihr werdet sein* *sie werden sein*	*ich werde haben* *du werdest haben* *er werde haben* *wir werden haben* *ihr werdet haben* *sie werden haben*	*ich werde werden* *du werdest werden* *er werde werden* *wir werden werden* *ihr werdet werden* *sie werden werden*
SUBJONCTIF II PRÉSENT	*ich wäre* *du wär(e)st* *er wäre* *wir wären* *ihr wär(e)t* *sie wären*	*ich hätte* *du hättest* *er hätte* *wir hätten* *ihr hättet* *sie hätten*	*ich würde* *du würdest* *er würde* *wir würden* *ihr würdet* *sie würden*
SUBJONCTIF II PASSÉ	*ich wäre gewesen* *du wär(e)st gewesen* *er wäre gewesen* *wir wären gewesen* *ihr wär(e)t gewesen* *sie wären gewesen*	*ich hätte gehabt* *du hättest gehabt* *er hätte gehabt* *wir hätten gehabt* *ihr hättet gehabt* *sie hätten gehabt*	*ich wäre geworden* *du wär(e)st geworden* *er wäre geworden* *wir wären geworden* *ihr wär(e)t geworden* *sie wären geworden*
SUBJONCTIF II FUTUR	*ich würde sein* *du würdest sein* *er würde sein* *wir würden sein* *ihr würdet sein* *sie würden sein*	*ich würde haben* *du würdest haben* *er würde haben* *wir würden haben* *ihr würdet haben* *sie würden haben*	*ich würde werden* *du würdest werden* *er würde werden* *wir würden werden* *ihr würdet werden* *sie würden werden*

Les verbes faibles

	LERNEN	KAUFEN	ARBEITEN
PRÉSENT	*ich lerne* *du lernst* *er lernt* *wir lernen* *ihr lernt* *sie lernen*	*ich kaufe* *du kaufst* *er kauft* *wir kaufen* *ihr kauft* *sie kaufen*	*ich arbeite* *du arbeitest* *er arbeitet* *wir arbeiten* *ihr arbeitet* *sie arbeiten*
PRÉTÉRIT	*ich lernte* *du lerntest* *er lernte* *wir lernten* *ihr lerntet* *sie lernten*	*ich kaufte* *du kauftest* *er kaufte* *wir kauften* *ihr kauftet* *sie kauften*	*ich arbeitete* *du arbeitetest* *er arbeitete* *wir arbeiteten* *ihr arbeitetet* *sie arbeiteten*
PARFAIT	*ich habe gelernt* *du hast gelernt* *er hat gelernt* *wir haben gelernt* *ihr habt gelernt* *sie haben gelernt*	*ich habe gekauft* *du hast gekauft* *er hat gekauft* *wir haben gekauft* *ihr habt gekauft* *sie haben gekauft*	*ich habe gearbeitet* *du hast gearbeitet* *er hat gearbeitet* *wir haben gearbeitet* *ihr habt gearbeitet* *sie haben gearbeitet*

	LERNEN	KAUFEN	ARBEITEN
PLUS-QUE-PARFAIT	*ich hatte gelernt du hattest gelernt er hatte gelernt wir hatten gelernt ihr hattet gelernt sie hatten gelernt*	*ich hatte gekauft du hattest gekauft er hatte gekauft wir hatten gekauft ihr hattet gekauft sie hatten gekauft*	*ich hatte gearbeitet du hattest gearbeitet er hatte gearbeitet wir hatten gearbeitet ihr hattet gearbeitet sie hatten gearbeitet*
FUTUR	*ich werde lernen du wirst lernen er wird lernen wir werden lernen ihr werdet lernen sie werden lernen*	*ich werde kaufen du wirst kaufen er wird kaufen wir werden kaufen ihr werdet kaufen sie werden kaufen*	*ich werde arbeiten du wirst arbeite er wird arbeiten wir werden arbeiten ihr werdet arbeiten sie werden arbeiten*
SUBJONCTIF I PRÉSENT	*ich lerne du lernest er lerne wir lernen ihr lernet sie lernen*	*ich kaufe du kaufest er kaufe wir kaufen ihr kaufet sie kaufen*	*ich arbeite du arbeitest er arbeite wir arbeiten ihr arbeitet sie arbeiten*
SUBJONCTIF I PASSÉ	*ich habe gelernt du habest gelernt er habe gelernt wir haben gelernt ihr habet gelernt sie haben gelernt*	*ich habe gekauft du habest gekauft er habe gekauft wir haben gekauft ihr habet gekauft sie haben gekauft*	*ich habe gearbeitet du habest gearbeitet er habe gearbeitet wir haben gearbeitet ihr habet gearbeitet sie haben gearbeitet*
SUBJONCTIF I FUTUR	*ich werde lernen du werdest lernen er werde lernen wir werden lernen ihr werdet lernen sie werden lernen*	*ich werde kaufen du werdest kaufen er werde kaufen wir werden kaufen ihr werdet kaufen sie werden kaufen*	*ich werde arbeiten du werdest arbeiten er werde arbeiten wir werden arbeiten ihr werdet arbeiten sie werden arbeiten*
SUBJONCTIF II PRÉSENT	*ich lernte du lerntest er lernte wir lernten ihr lerntet sie lernten*	*ich kaufte du kauftest er kaufte wir kauften ihr kauftet sie kauften*	*ich arbeitete du arbeitetest er arbeitete wir arbeiteten ihr arbeitetet sie arbeiteten*
SUBJONCTIF II PASSÉ	*ich hätte gelernt du hättest gelernt er hätte gelernt wir hätten gelernt ihr hättet gelernt sie hätten gelernt*	*ich hätte gekauft du hättest gekauft er hätte gekauft wir hätten gekauft ihr hättet gekauft sie hätten gekauft*	*ich hätte gearbeitet du hättest gearbeitet er hätte gearbeitet wir hätten gearbeitet ihr hättet gearbeitet sie hätten gearbeitet*
SUBJONCTIF II FUTUR	*ich würde lernen du würdest lernen er würde lernen wir würden lernen ihr würdet lernen sie würden lernen*	*ich würde kaufen du würdest kaufen er würde kaufen wir würden kaufen ihr würdet kaufen sie würden kaufen*	*ich würde arbeiten du würdest arbeiten er würde arbeiten wir würden arbeiten ihr würdet arbeiten sie würden arbeiten*

Les verbes forts et mixtes

	NEHMEN	SCHLAFEN	NENNEN (FAIBLE)
PRÉSENT	*ich nehme du nimmst er nimmt wir nehmen ihr nehmt sie nehmen*	*ich schlafe du schläfst er schläft wir schlafen hr schlaft sie schlafen*	*ich nenne du nennst er nennt wir nennen ihr nennt sie nennen*
PRÉTÉRIT	*ich nahm du nahmst er nahm wir nahmen ihr nahmt sie nahmen*	*ich schlief du schliefst er schlief wir schliefen ihr schlieft sie schliefen*	*ich nannte du nanntest er nannte wir nannten ihr nanntet sie nannten*
PARFAIT	*ich habe genommen du hast genommen er hat genommen wir haben genommen ihr habt genommen sie haben genommen*	*ich habe geschlafen du hast geschlafen er hat geschlafen wir haben geschlafen ihr habt geschlafen sie haben geschlafen*	*ich habe gennant du hast genannt er hat genannt wir haben genannt ihr habt genannt sie haben genannt*
PLUS-QUE-PARFAIT	*ich hatte genommen du hattest genommen er hatte genommen wir hatten genommen ihr hattet genommen sie hatten genommen*	*ich hatte geschlafen du hattest geschlafen er hatte geschlafen wir hatten geschlafen ihr hattet geschlafen sie hatten geschlafen*	*ich hatte genannt du hattest genannt er hatte genannt wir hatten genannt ihr hattet genannt sie hatten genannt*
FUTUR	*ich werde nehmen du wirst nehmen er wird nehmen wir werden nehmen ihr werdet nehmen sie werden nehmen*	*ich werde schlafen du wirst schlafen er wird schlafen wir werden schlafen ihr werdet schlafen sie werden schlafen*	*ich werde nennen du wirst nennen er wird nennen wir werden nennen ihr werdet nennen sie werden nennen*
SUBJONCTIF I PRÉSENT	*ich nehme du nehmest er nehme wir nehmen ihr nehmet sie nehmen*	*ich schlafe du schlafest er schlafe wir schlafen ihr schlafet sie schlafen*	*ich nenne du nennest er nenne wir nennen ihr nennet sie nennen*
SUBJONCTIF I PASSÉ	*ich habe genommen du habest genommen er habe genommen wir haben genommen ihr habet genommen sie haben genommen*	*ich habe geschlafen du habest geschlafen er habe geschlafen wir haben geschlafen ihr habet geschlafen sie haben geschlafen*	*ich habe genannt du habest genannt er habe genannt wir haben genannt ihr habet genannt sie haben genannt*

Les verbes forts et mixtes

	NEHMEN	SCHLAFEN	NENNEN (FAIBLE)
SUBJONCTIF I FUTUR	*ich werde nehmen du werdest nehmen er werde nehmen wir werden nehmen ihr werdet nehmen sie werden nehmen*	*ich werde schlafen du werdest schlafen er werde schlafen wir werden schlafen ihr werdet schlafen sie werden schlafen*	*ich werde nennen du werdest nennen er werde nennen wir werden nennen ihr werdet nennen sie werden nennen*
SUBJONCTIF II PRÉSENT	*ich nähme du nähmest er nähme wir nähmen ihr nähmet sie nähmen*	*ich schliefe du schliefest er schliefe wir schliefen ihr schliefet sie schliefen*	*ich nennte du nenntest er nennte wir nennten ihr nenntet sie nennten*
SUBJONCTIF II PASSÉ	*ich hätte genommen du hättest genommen er hätte genommen wir hätten genommen ihr hättet genommen sie hätten genommen*	*ich hätte geschlafen du hättest geschlafen er hätte geschlafen wir hätten geschlafen ihr hättet geschlafen sie hätten geschlafen*	*ich hätte genannt du hättest genannt er hätte genannt wir hätten genannt ihr hättet genannt sie hätten genannt*
SUBJONCTIF II FUTUR	*ich würde nehmen du würdest nehmen er würde nehmen wir würden nehmen ihr würdet nehmen sie würden nehmen*	*ich würde schlafen du würdest schlafen er würde schlafen wir würden schlafen ihr würdet schlafen sie würden schlafen*	*ich würde nennen du würdest nennen er würde nennen wir würden nennen ihr würdet nennen sie würden nennen*

⓫ LISTE DES VERBES FORTS

PRÉSENT	3E PERS. PRÉSENT	PRÉTÉRIT	PARFAIT	FRANÇAIS
abfahren	*fährt ab*	*fuhr ab*	*ist abgefahren*	partir
anfangen	*fängt an*	*fing an*	*hat angefangen*	commencer
ankommen	*kommt an*	*kam an*	*ist angekommen*	arriver
anrufen	*ruft an*	*rief an*	*hat angerufen*	téléphoner
ansehen	*sieht an*	*sah an*	*hat angesehen*	regarder
anziehen	*zieht an*	*zog an*	*hat angezogen*	mettre un vêtement
aufgehen	*geht auf*	*ging auf*	*ist aufgegangen*	se lever (soleil)
aufschlagen	*schlägt auf*	*schlug auf*	*hat aufgeschlagen*	ouvrir un livre
aufschreiben	*schreibt auf*	*schrieb auf*	*hat aufgeschrieben*	noter
aufstehen	*steht auf*	*stand auf*	*ist aufgestanden*	se lever
ausgeben	*gibt aus*	*gab aus*	*hat ausgegeben*	dépenser
aussehen	*sieht aus*	*sah aus*	*hat ausgesehen*	avoir l'air de
backen	*bäckt*	*backte/buk*	*hat begacken*	faire cuire au four
befehlen	*befiehlt*	*befahl*	*hat befohlen*	commander
beginnen	*beginnt*	*begann*	*hat begonnen*	commencer
begreifen	*begreift*	*begriff*	*hat begriffen*	comprendre
beissen	*beisst*	*biss*	*hat gebissen*	mordre
bekommen	*bekommt*	*bekam*	*hat bekommen*	recevoir, obtenir
beschreiben	*beschreibt*	*beschrieb*	*hat beschrieben*	décrire
besitzen	*besitzt*	*besass*	*hat besessen*	posséder
bestehen	*besteht*	*bestand*	*hat bestanden*	réussir un examen
betreffen	*betrifft*	*betraf*	*hat betroffen*	concerner
beweisen	*beweist*	*bewies*	*hat bewiesen*	prouver
biegen	*biegt*	*bog*	*hat gebogen*	courber
bieten	*bietet*	*bot*	*hat geboten*	offrir, proposer
binden	*bindet*	*band*	*hat gebunden*	lier
bitten	*bittet*	*bat*	*hat gebeten*	demander, prier
blasen	*bläst*	*blies*	*hat geblasen*	souffler
bleiben	*bleibt*	*blieb*	*ist geblieben*	rester
braten	*brät*	*briet*	*hat gebraten*	rôtir, griller
brechen	*bricht*	*brach*	*hat gebrochen*	casser
brennen	*brennt*	*brannte*	*hat gebrannt*	brûler

•••

PRÉSENT	3ᴱ PERS. PRÉSENT	PRÉTÉRIT	PARFAIT	FRANÇAIS
bringen	*bringt*	*brachte*	*hat gebracht*	apporter
denken	*denkt*	*dachte*	*hat gedacht*	penser
einladen	*lädt ein*	*lud ein*	*hat eingeladen*	inviter
einschlafen	*schläft ein*	*schlief ein*	*ist eingeschlafen*	s'endormir
empfehlen	*empfiehlt*	*empfahl*	*hat empfohlen*	recommander
erfinden	*erfindet*	*erfand*	*hat erfunden*	inventer
erkennen	*erkennt*	*erkannte*	*hat erkannt*	reconnaître
erschrecken	*erschrickt*	*erschrak*	*ist erschrocken*	effrayer
ertrinken	*ertrinkt*	*ertrank*	*ist ertrunken*	se noyer
erziehen	*erzieht*	*erzog*	*hat erzogen*	éduquer, élever
essen	*ißt*	*aß*	*hat gegessen*	maner
fahren	*fährt*	*fuhr*	*ist gefahren*	aller (voiture)
fallen	*fällt*	*fiel*	*ist gefallen*	tomber
fangen	*fängt*	*fing*	*hat gefangen*	saisir, attraper
fernsehen	*sieht fern*	*sah fern*	*hat ferngesehen*	regarder la télévision
finden	*findet*	*fand*	*hat gefunden*	trouver
fliegen	*fliegt*	*flog*	*ist geflogen*	voler
fliehen	*flieht*	*floh*	*ist geflohen*	fuir
fressen	*frisst*	*fraß*	*hat gefressen*	manger (animaux)
frieren	*friert*	*fror*	*hat gefroren*	geler
geben	*gibt*	*gab*	*hat gegeben*	donner
gefallen	*gefällt*	*gefiel*	*hat gefallen*	plaire
gehen	*geht*	*ging*	*ist gegangen*	aller (à pied)
gelingen	*gelingt ihm*	*gelang ihm*	*ist ihm gelungen*	réussir
geschehen	*geschieht*	*geschah*	*ist geschehen*	se passer
gewinnen	*gewinnt*	*gewann*	*hat gewonnen*	gagner
gleichen	*gleicht*	*glich*	*hat geglichen*	ressembler
gleiten	*gleitet*	*glitt*	*ist geglitten*	glisser
graben	*gräbt*	*grub*	*hat gegraben*	creuser
greifen	*greift*	*griff*	*hat gegriffen*	saisir
haben	*hat*	*hatte*	*hat gehabt*	avoir
halten	*hält*	*hielt*	*hat gehalten*	tenir
hängen	*hängt*	*hing*	*hat gehangen*	être suspendu
heißen	*heißt*	*hieß*	*hat geheißen*	s'appeler
helfen	*hilft*	*half*	*hat geholfen*	aider
kennen	*kennt*	*kannte*	*hat gekannt*	connaître
klingen	*klingt*	*klang*	*hat geklungen*	résonner

PRÉSENT	3E PERS. PRÉSENT	PRÉTÉRIT	PARFAIT	FRANÇAIS
kommen	*kommt*	*kam*	*ist gekommen*	venir
kriechen	*kriecht*	*kroch*	*ist gekrochen*	ramper
laden	*lädt*	*lud*	*hat geladen*	charger
lassen	*läßt*	*ließ*	*hat gelassen*	laisser
laufen	*läuft*	*lief*	*ist gelaufen*	courir
leiden	*leidet*	*litt*	*hat gelitten*	souffrir
leihen	*leiht*	*lieh*	*hat geliehen*	prêter
lesen	*liest*	*las*	*hat gelesen*	lire
liegen	*liegt*	*lag*	*hat gelegen*	être couché
lügen	*lügt*	*log*	*hat gelogen*	mentir
meiden	*meidet*	*mied*	*hat gemieden*	éviter
messen	*misst*	*mass*	*hat gemessen*	mesurer
mitbringen	*bringt mit*	*brachte mit*	*hat mitgebracht*	amener, apporter
mitnehmen	*nimmt mit*	*nahm mit*	*hat mitgenommen*	emmener, emporter
nehmen	*nimmt*	*nahm*	*hat genommen*	prendre
pfeifen	*pfeift*	*pfiff*	*hat gepfiffen*	siffler
raten	*rät*	*riet*	*hat geraten*	conseiller, deviner
reiten	*reitet*	*ritt*	*ist geritten*	monter à cheval
riechen	*riecht*	*roch*	*hat gerochen*	sentir
rufen	*ruft*	*rief*	*hat gerufen*	appeler
saufen	*säuft*	*soff*	*hat gesoffen*	boire (animaux)
schaffen	*schafft*	*schuf*	*hat geschaffen*	créer
scheiden	*scheidet*	*schied*	*ist geschieden*	se séparer
scheinen	*scheint*	*schien*	*hat geschienen*	briller, sembler
schieben	*schiebt*	*schob*	*hat geschoben*	pousser
schießen	*schießt*	*schoss*	*hat geschossen*	tirer
schlafen	*schläft*	*schlief*	*hat geschlafen*	dormir
schlagen	*schlägt*	*schlug*	*hat geschlagen*	frapper
schließen	*schließt*	*schloss*	*hat geschlossen*	fermer
schneiden	*schneidet*	*schnitt*	*hat geschnitten*	couper
schleifen	*schleift*	*schliff*	*hat geschliffen*	aiguiser
schmelzen	*schmelzt*	*schmolz*	*hat geschmolzen*	fondre (trans.)
schreiben	*schreibt*	*schrieb*	*hat geschrieben*	écrire
schreien	*schreit*	*schrie*	*hat geschriehen*	crier
schwimmen	*schwimmt*	*schwamm*	*ist geschwommen*	nager

PRÉSENT	3E PERS. PRÉSENT	PRÉTÉRIT	PARFAIT	FRANÇAIS
schwören	*schwört*	*schwur*	*hat geschworen*	jurer
sehen	*sieht*	*sah*	*hat gesehen*	voir
sein	*ist*	*war*	*ist gewesen*	être
singen	*singt*	*sang*	*hat gesungen*	chanter
sitzen	*sitzt*	*saß*	*hat gesessen*	être assis
spinnen	*spinnt*	*sponn*	*hat gesponnen*	filer (la laine)
sprechen	*spricht*	*sprach*	*hat gesprochen*	parler
springen	*springt*	*sprang*	*ist gesprungen*	sauter
stechen	*sticht*	*stach*	*hat gestochen*	piquer
stehen	*steht*	*stand*	*hat gestanden*	être debout
stehlen	*stiehlt*	*stahl*	*hat gestohlen*	voler (objet)
steigen	*steigt*	*stieg*	*ist gestiegen*	monter
sterben	*stirbt*	*starb*	*ist gestorben*	mourir
stinken	*stinkt*	*stank*	*hat gestunken*	sentir mauvais
streichen	*streicht*	*strich*	*hat gestrichen*	barrer
streiten	*streitet*	*stritt*	*hat gestritten*	se disputer
tragen	*trägt*	*trug*	*hat getragen*	porter
treffen	*trifft*	*traf*	*hat getroffen*	rencontrer
treten	*tritt*	*trat*	*ist getreten*	mettre le pied sur
trinken	*trinkt*	*trank*	*hat getrunken*	boire
tun	*tut*	*tat*	*hat getan*	faire
umsteigen	*steigt um*	*stieg um*	*ist umgestiegen*	changer de train
umziehen	*zieht um*	*zog um*	*ist umgezogen*	déménager
verbieten	*verbietet*	*verbot*	*hat verboten*	interdire
verbringen	*verbringt*	*verbrachte*	*hat verbracht*	passer du temps
verderben	*verdirbt*	*verdarb*	*ist verdorben*	pourrir (intrans.)
vergessen	*vergißt*	*vergaß*	*hat vergessen*	oublier
vergleichen	*vergleicht*	*verglich*	*hat verglichen*	comparer
verlieren	*verliert*	*verlor*	*hat verloren*	perdre
vermeiden	*vermeidet*	*vermied*	*hat vermieden*	éviter
verschwinden	*verschwindet*	*verschwand*	*ist verschwunden*	disparaître
versprechen	*verspricht*	*versprach*	*hat versprochen*	promettre
verstehen	*versteht*	*verstand*	*hat verstanden*	comprendre
verzeihen	*verzeiht*	*verzieh*	*hat verziehen*	pardonner
wachsen	*wächst*	*wuchs*	*ist gewachsen*	croître
waschen	*wäschst*	*wusch*	*hat gewaschen*	laver

PRÉSENT	3^E^ PERS. PRÉSENT	PRÉTÉRIT	PARFAIT	FRANÇAIS
wegnehmen	*nimmt weg*	*nahm weg*	*hat weggenommen*	prendre
werden	*wird*	*wurde*	*ist geworden*	devenir
werfen	*wirft*	*warf*	*hat geworfen*	lancer, jeter
wiegen	*wiegt*	*wog*	*hat gewogen*	peser
wissen	*weiß*	*wußte*	*hat gewußt*	savoir
zerbrechen	*zerbricht*	*zerbrach*	*hat zerbrochen*	casser
ziehen	*zieht*	*zog*	*hat gezogen*	tirer
zwingen	*zwingt*	*zwang*	*hat gezwungen*	forcer qqn

La phrase

❶ LA PHRASE DÉCLARATIVE

- La phrase déclarative donne une information par rapport à un événement, une situation à un moment donné. Le **verbe conjugué** se trouve en **2e position** de l'énoncé. La première place peut être occupée par le sujet ou d'autres compléments. La particule des verbes à particule séparable se trouve à la fin de l'énoncé :

sujet :	*Die Sachbearbeiterin* ***schreibt*** *einen Brief.*
CC* temps :	*Am Morgen* ***fährt*** *der Direktor ins Büro.*
CC lieu :	*Vor dem Hotel* ***sind*** *viele Taxis.*
particule :	*Die Verkäuferin* ***füllt*** *das Regal auf.*

* CC = complément circonstanciel

❷ LA PHRASE INTERROGATIVE

L'interrogative totale

- Le **verbe conjugué** se trouve en **1re position** suivi du sujet. La question porte sur toute l'information dans la phrase. La réponse à ces « questions fermées » est introduite par *ja* ou *nein* :

Kommt *der Praktikant heute? Ja, er kommt heute.*
Le stagiaire vient-il aujourd'hui ? Oui, il vient aujourd'hui.
Funktioniert *der Computer wieder? Nein, er funktioniert noch nicht.*
L'ordinateur marche-t-il à nouveau ? Non, il ne marche pas encore.

L'interrogative partielle

- Le **verbe conjugué** reste en **2e position**. La première position est occupée par un mot interrogatif commençant par *W-*. La question porte alors sur un seul élément de la phrase dont l'interrogatif en *W-* en première position est le substitut.

- La réponse à ces « questions ouvertes » n'est alors qu'une partie de la phrase déclarative :

  Wie** heißt der Praktikant? Der Praktikant heißt **Herr Schöner.
  Comment s'appelle le stagiaire ? Le stagiaire s'appelle Monsieur Schöner.
  ***Wo** ist der Computer? Er ist **im Büro auf dem Schreibtisch**.*
  Où est l'ordinateur ? Il est dans le bureau, sur la table de travail.

QUELQUES INTERROGATIFS

Wer	qui
Was	que
Wann	quand
Bis wann	jusqu'à quand
Seit wann	depuis quand
Wie oft	combien de fois
Wo	où (lieu où l'on est)
Woher	d'où (lieu d'où l'on vient)
Wohin	où (lieu où l'on va)
Wie	comment
Wieviel	combien
Warum	pourquoi
Wozu	dans quel but
Womit	avec quoi

❸ LA PHRASE EXCLAMATIVE

- Le **verbe conjugué** peut se trouver en **1re ou** en **2e position.**

– 1re position :

  ***Ist** das Wohnzimmer aber geräumig!*
  Qu'est-ce que le salon est spacieux !

– 2e position :

  *Wie **teuer** ist das!*
  Comme c'est cher !

❹ LA PHRASE IMPÉRATIVE

- La phrase impérative (ou injonctive) est employée pour donner un ordre ou un conseil. Le **verbe conjugué** est en **1re position** :

  ***Schreiben** Sie!*
  Écrivez !
  ***Schreib** endlich!*
  Écris enfin !

À retenir

- Phrase déclarative : verbe en 2e position.
- Phrase interrogative totale : verbe en 1re position.
- Phrase interrogative partielle : verbe en 2e position.
- Phrase exclamative : verbe en 1re ou en 2e position.
- Phrase impérative : verbe en 1re position.

5 LA PHRASE NÉGATIVE

- Tout comme pour la phrase interrogative, la négation peut se rapporter à toute la phrase ou seulement à une partie de la phrase.

Négation avec *kein/keine*

- La négation doit porter sur un groupe qui est introduit par l'article indéfini *ein/eine*. Attention ! Il n'y a pas d'article indéfini au pluriel ; la négation est *keine* :

Das ist eine Tastatur.	*Das ist keine Tastatur.*
C'est un clavier.	Ce n'est pas un clavier.
Das ist ein Bürostuhl.	*Das ist kein Bürostuhl.*
C'est une chaise de bureau.	Ce n'est pas une chaise de bureau.
Das sind Ø rote Aktenordner.	*Das sind keine roten Aktenordner.*
Ce sont des classeurs rouges.	Ce ne sont pas des classeurs rouges.

Négation avec *nicht*

- *Nicht* est placé **après** le complément à l'accusatif, le complément au datif et le pronom personnel :

  Du bringst den Scheck zur Bank.
  Tu portes le chèque à la banque.
  *Du bringst den Scheck **nicht** zur Bank.* (complément à l'accusatif)
  Tu ne portes pas le chèque à la banque.
  Die Firma überweist dem Angestellten das Gehalt.
  La société verse le salaire à l'employé.
  *Die Firma überweist dem Angestellten **nicht** das Gehalt.* (complément au datif)
  La société ne verse pas de salaire à l'employé.
  Ich finde ihn.
  Je le trouve.
  *Ich finde ihn **nicht**.* (pronom personnel)
  Je ne le trouve pas.

- *Nicht* est placé **avant** un groupe prépositionnel et l'adjectif attribut :

  Das Flugzeug fliegt nach Frankreich.
  L'avion part pour la France.
  *Das Flugzeug fliegt **nicht** nach Frankreich.* (groupe prépositionnel)
  L'avion ne part pas pour la France.

Du kommst zu mir?
Tu viens chez moi ?
Du kommst ***nicht*** *zu mir?* (groupe prépositionnel)
Tu ne viens pas chez moi ?
Der Aktenordner ist schwer.
Le classeur est lourd.
Der Aktenordner ist ***nicht*** *schwer.* (adjectif attribut)
Le classeur n'est pas lourd.

Négation partielle

- La négation partielle ne porte que sur une partie de la phrase. La négation *nicht* est placée juste avant l'élément à nier :
  Er bestellt die CD.
  Il commande le CD.
  Er bestellt ***nicht*** *die CD... (sondern...)*
  Il ne commande pas le CD. Ce n'est pas le CD qu'il commande.

À retenir

- Négation avec *nicht* placé avant : groupe prépositionnel, adjectif attribut.
- Négation avec *nicht* placé après : complément à l'accusatif, complément au datif, pronom personnel.
- Négation partielle avec *nicht* placé avant le groupe à nier.
- *ein/eine* : pluriel = Ø
- *kein/keine* : pluriel = *keine*

6 LA PROPOSITION COORDONNÉE

- Les conjonctions de coordination relient deux propositions principales, séparée par une virgule avant la conjonction.
- Après les conjonctions *aber, und, oder, sondern, denn*, il n'y a **pas d'inversion** du sujet et du verbe. Il en va de même pour *entweder... oder* (ou... ou...) et *weder... noch* (ni... ni...) :
  Der Auszubildende möchte den Aufzug nehmen, ***aber*** *er ist außer Betrieb.*
  L'apprenti aimerait bien prendre l'ascenseur, mais il est hors service.
  Entweder *wir bekommen mehr Gehalt,* ***oder*** *wir streiken.*
  Ou nous recevons plus de salaire, ou nous faisons grève.
- Après les conjonctions *also, so, dann, sonst, zwar,* il y a **inversion** du sujet et du verbe car elles occupent la première position dans une phrase assertive :
  Beeil dich, ***sonst*** *kommst du zu spät.*
  Dépêche-toi, sinon tu seras en retard.
  Ich mache zuerst meine Bewerbungsmappe fertig, ***dann*** *gehe ich zur Post.*
  D'abord je termine mon dossier de candidature ; ensuite j'irai à la poste.

❼ LA PROPOSITION SUBORDONNÉE

- Les conjonctions de subordination établissent une hiérarchie dans la phrase entre une proposition principale et une proposition subordonnée. La place et l'ordre des mots dans la principale ne changent pas. En revanche dans la proposition subordonnée l'ordre diffère :

1. Mettre une virgule avant la conjonction.
2. Placer le sujet de la proposition subordonnée après la conjonction.
3. Placer les compléments (temps, lieu, etc).
4. Puis, en dernier lieu, placer le verbe conjugué.

Exemples :

*Er kauft ein Flugticket, **weil** er nach Frankfurt fliegt.*
Il achète un billet d'avion parce qu'il va à Francfort.
*Gib mir seine Mailadresse, **damit** ich ihn über die Versammlung informieren kann.*
Donne-moi son adresse mail pour que je puisse lui donner des informations sur la réunion.

Subordonnée complétive

- *dass* (que) :
  *Der Abteilungsleiter sagt, **dass** wir Überstunden machen.*
  Le chef de service dit que nous faisons des heures supplémentaires.
- *ob* (si)
  *Die Telefonistin möchte wissen, **ob** der Direktor im Büro ist.*
  La standardiste aimerait bien savoir si le directeur est dans son bureau.

Subordonnée circonstancielle de cause

- *weil* (parce que) :
  *Er mailt nicht, **weil** der Computer kaputt ist.*
  Il n'envoie pas de mél parce que l'ordinateur est en panne.
- *da* (comme, puisque) :
  ***Da** heute Sonntag ist, arbeiten wir nicht.*
  Puisqu'aujourd'hui c'est dimanche, nous ne travaillons pas.
- *wenn* (si) :
  ***Wenn** Sie möchten, fährt Sie Herr Fink zur U-Bahn.*
  Si vous voulez, Monsieur Fink vous emmène au métro.

Subordonnée circonstancielle de but

- *damit* (pour que) :
  *Sie öffnet den Regenschirm, **damit** sie nicht nass wird.*
  Elle ouvre le parapluie pour ne pas être mouillée.

Subordonnée circonstancielle de concession

- *obwohl* (bien que) :

  ***Obwohl** sie früh aufsteht, kommt sie immer zu spät.*

  Bien qu'elle se lève tôt, elle est toujours en retard.

Subordonnée circonstancielle de temps

- *während* (pendant que) :

  *Er hört Musik, **während** er arbeitet.*

  Il écoute de la musique pendant qu'il travaille.

- *bevor/ehe* (avant que) :

  *Er nimmt den Aktenordner, **bevor** er nach Rom fährt.*

  Il prend le classeur avant d'aller à Rome.

- *nachdem* (après que) :

  ***Nachdem** sie ins Hotelzimmer gegangen war, nahm sie ein Bad.*

  Après être montée dans la chambre d'hôtel, elle prit un bain.

- *bis* (jusqu'à que) :

  *Bleiben Sie doch hier, **bis** der Chef kommt.*

  Restez donc ici jusqu'à ce que le directeur arrive.

- *seit* (depuis) :

  ***Seit** seiner Entlassung, ist er arbeitslos.*

  Il est au chômage depuis son licenciement.

- *sobald* (dès que) :

  ***Sobald** ich wieder Arbeit gefunden habe, gehen wir ins Restaurant.*

  Dès que j'aurai trouvé du travail, nous irons au restaurant.

- *solange* (aussi longtemps que) :

  ***Solange** ich arbeitslos bin, müssen wir sparsam sein.*

  Aussi longtemps que je suis au chômage, nous devons être économes.

Subordonnée relative

- La proposition subordonnée est introduite par un pronom relatif

– au **nominatif** (sujet) :

  *Das Telefon, **das** gerade klingelt…*

  Le téléphone qui sonne en ce moment…

– à **l'accusatif** (COD) :

  *Das ist der Vertrag, **den** wir unterzeichnet haben.*

  Voilà le contrat que nous avons signé.

– au **datif** (COI) :

  *Der Taxifahrer, **dem** ich das Paket gab, ist mein Onkel.*

  Le chauffeur de taxi, à qui j'ai donné le paquet, est mon oncle.

– au **génitif** (complément du nom) :

  Wir besichtigen die Stadt, deren Wahrzeichen das Brandenburger Tor ist.

  Nous visitons la ville, dont l'emblème est la porte de Brandenbourg.

Subordonnée de comparaison

- *je... desto...* (plus... plus...) :

  Je *mehr ich arbeite,* ***desto*** *höher ist mein Gehalt.*
  Plus je travaille, plus mon salaire est élevé.

- *als ob* (comme) :

  Der Kundenberater tut, ***als ob*** *er arbeite.*
  Le conseiller de clientèle fait comme s'il travaillait.

À retenir

- Les **conjonctions de coordination** relient deux propositions principales entre elles. Il n'y a pas d'inversion après *aber, und, oder, sondern, denn* et *entweder... oder* et *weder... noch*. Il y a inversion après a*lso, so, dann, sonst, zwar.*
- Les **conjonctions de subordination** relient une proposition principale et une proposition subordonnée dans laquelle le sujet se trouve tout de suite après la conjonction, le verbe conjugué étant en dernière position.

8 LES ORGANISATEURS DE DISCOURS

Adverbes de temps et de l'ordre

zuerst (d'abord)
danach (après)
dann (ensuite)
schließlich (finalement)
endlich (enfin)
zuletzt (à la fin)
früher (autrefois)
damals (à cette époque)
heute (aujourd'hui)
jetzt (maintenant)
gleich (tout de suite)
bald (bientôt)
früh (tôt)
immer (toujours)
spät (tard)
vorher (avant)
gleichzeitig (en même temps)
nachher (après)

Adverbes de fréquence

nie (jamais)
selten (rarement)
manchmal (parfois)
von Zeit zu Zeit (de temps en temps)
gewöhnlich (habituellement)
meistens (le plus souvent)
oft (souvent)
mehrmals (plusieurs fois)
immer (toujours)

Annexes

❶ LES MASCULINS FAIBLES

- La différence des masculins faibles par rapport aux autres masculins est leur terminaison *-n* ou *-en* à tous les cas sauf au nominatif singulier :

	MASCULIN	MASCULIN FAIBLE
NOMINATIF	*der Hund*	*der Soldat*
ACCUSATIF	*den Hund*	*den Soldat**en***
DATIF	*dem Hund*	*dem Soldat**en***
GÉNITIF	*des Hundes*	*des Soldat**en***

- Tableau détaillé de la déclinaison des masculins faibles :

CAS	SINGULIER	PLURIEL
NOMINATIF	*der Mensch*	*die Mensch**en***
ACCUSATIF	*den Mensch**en***	*die Mensch**en***
DATIF	*dem Mensch**en***	*den Mensch**en***
GÉNITIF	*des Mensch**en***	*der Mensch**en***

- Se déclinent de la même manière les masculins suivants :

der Deutsche (l'Allemand)
der Franzose (le Français)
der Bauer (le paysan)
der Pilot (le pilote)
der Soldat (le soldat)
der Fotograf (le photographe)
der Elefant (l'éléphant)
der Student (l'étudiant)
der Chinese (le Chinois)
der Tourist (le touriste)
der Lieferant (le fournisseur)
der Held (le héros)
der Kunde (le client)
der Affe (le singe)
der Löwe (le lion)
der Hase (le lièvre)
der Polizist (l'agent de police)
der Planet (la planète)
der Demonstrant (le manifestant)
der Abiturient (le bachelier)
der Pole (le Polonais)
der Zeuge (le témoin)

der Grossist (le grossiste)
der Knabe (le garçon)
der Paragraf (le paragraphe)
der Gatte (l'époux)
der Christ (le chrétien)

- Un certain nombre de masculins faibles forment le génitif avec la terminaison *-ens*:

CAS	SINGULIER	PLURIEL
NOMINATIF	*der Name*	*die Namen*
ACCUSATIF	*den Namen*	*die Namen*
DATIF	*dem Namen*	*den Namen*
GÉNITIF	*des Nam**ens***	*der Namen*

- Se déclinent de la même manière les masculins suivants:
  der Gedanke (l'idée)
  der Glaube (la croyance)
  der Frieden (la paix)
  der Wille (la volonté)

À retenir

- Les masculins faibles ont la terminaison *-n* ou *-en* au singulier. Ce n'est donc pas la marque du pluriel !

2 LE GÉNITIF SAXON

- Il sert à marquer l'appartenance. Le nom propre porte alors la terminaison *-s* et est placé en première position. L'article défini ou l'adjectif possessif sont ainsi remplacés.
- À l'oral, le génitif saxon est souvent remplacé par *von* + datif:
  *Das Auto **von** Herrn Schneider.* *Herr Schneider**s** Auto.*
  *Das ist der Rock **von** Ursula.* *Das ist Ursula**s** Rock.*
- La marque du génitif saxon des noms se terminant en *-s* ou *-x* est une apostrophe.
  *Hier ist der Computer **von** Thomas.* *Hier ist Thomas' Computer.*

À retenir

- L'appartenance est exprimée soit par le génitif saxon (soit rajouter un *-s* au nom, soit utiliser la construction *von* + datif).

❸ PAYS ET NATIONALITÉS

DAS LAND (LE PAYS)		DAS AKJEKTIV (L'ADJECTIF)	DER EINWOHNER (L'HABITANT)
Afrika	l'Afrique	*afrikanisch*	*der Afrikaner*
Asien	l'Asie	*asiatisch*	*der Asiat*
Amerika	l'Amérique	*amerikanisch*	*der Amerikaner*
Australien	l'Autralie	*australisch*	*der Australier*
Europa	l'Europe	*europäisch*	*der Europäer*
Ägypten	l'Egypte	*ägyptisch*	*der Ägypter*
Argentinen	l'Argentine	*argentinisch*	*der Argentinier*
Algerien	l'Algérie	*algerisch*	*der Algerier*
Belgien	la Belgique	*belgisch*	*der Belgier*
Brasilien	le Brésil	*brasilianisch*	*der Brasilianer*
Chile	le Chili	*chilenisch*	*der Chilene*
China	la Chine	*chinesisch*	*der Chinese*
Dänemark	le Danemark	*dänisch*	*der Däne*
Spanien	l'Espagne	*spanisch*	*der Spanier*
Deutschland	l'Allemagne	*deutsch*	*der Deutsche*
England	l'Angleterre	*englisch*	*der Engländer*
Finnland	la Finlande	*finnisch*	*der Finne*
Frankreich	la France	*französisch*	*der Franzose*
Griechenland	la Grèce	*griechisch*	*der Grieche*
Grossbritanien	la Grande-Bretagne	*britisch*	*der Brite*
Holland	la Hollande	*holländisch*	*der Holländer*
Indien	l'Inde	*indisch*	*der Inder*
Iran (der)	l'Iran	*iranisch*	*der Iraner*
Irland	l'Irlande/Eire	*irisch*	*der Ire*
Israel	Israël	*israelisch*	*der Israeli*
Italien	l'Italie	*italienisch*	*der Italiener*
Japan	le Japon	*japanisch*	*der Japaner*
Jugoslawien	la Yougoslavie	*jugoslawisch*	*der Jugoslawe*
Kanada	le Canada	*kanadisch*	*der Kanadier*
Luxemburg	le Luxembourg	*luxemburgisch*	*der Luxemburger*
Marokko	le Maroc	*marokkanisch*	*de Marokkaner*
Mexiko	le Mexique	*mexikanisch*	*der Mexikaner*
Niederlande (die)	les Pays-Bas	*niederländisch*	*der Niederländer*
Norwegen	la Norvège	*norwegisch*	*der Norweger*
Österreich	l'Autriche	*österreichisch*	*der Österreicher*
Polen	la Pologne	*polnisch*	*der Pole*
Portugal	le Portugal	*portugiesisch*	*der Portugiese*

•••

DAS LAND (LE PAYS)		DAS AKJEKTIV (L'ADJECTIF)	DER EINWOHNER (L'HABITANT)
Rumänien	la Roumanie	*rumänisch*	*der Rumäne*
Russland	la Russie	*russisch*	*der Russe*
Saudi-Arabien	l'Arabie Saoudite	*saudisch*	*der Saudi*
Schweden	la Suède	*schwedisch*	*der Schwede*
Schweiz (die)	la Suisse	*schweizerisch*	*der Schweizer*
Tschechoslowakei (die)	la Tchécoslovaquie	*tschechisch*	*der Tscheche*
Tunesien	la Tunisie	*tunesisch*	*der Tuneser*
Türkei (die)	la Turquie	*türkisch*	*der Türke*
Ungarn	la Hongrie	*ungarisch*	*der Ungar*

- Les noms des pays et des régions sont généralement neutres. Néanmoins, certains sont féminins :

  die Schweiz *die Türkei* *die Tschechoslowakei*
  die Bundesrepublik Deutschland *die Normandie* *die Bretagne*

- D'autres sont masculins :

  der Libanon *der Irak* *der Iran*

- Un petit nombre s'emploie au pluriel :

  die USA *die Niederlande*

4 LES NOMBRES

Les nombres cardinaux

- En général, ils se comportent comme des invariables :

0 = *null*		
1 = *eins*	11 = *elf*	21 = *einundzwanzig*
2 = *zwei*	12 = *zwölf*	22 = *zweiundzwanzig*
3 = *drei*	13 = *dreizehn*	30 = *dreißig*
4 = *vier*	14 = *vierzehn*	40 = *vierzig*
5 = *fünf*	15 = *fünfzehn*	50 = *fünfzig*
6 = *sechs*	16 = *sechzehn*	60 = *sechzig*
7 = *sieben*	17 = *siebzehn*	70 = *siebzig*
8 = *acht*	18 = *achtziehn*	80 = *achtzig*
9 = *neun*	19 = *neunzehn*	90 = *neunzig*
10 = *zehn*	20 = *zwanzig*	100 = *(ein)hundert*
		101 = *(ein)hunderteins*
		200 = *zweihundert*

1000	*(ein)tausend*
10 000	*zehntausend*
100 000	*(ein)hunderttausend*
1 000 000	*eine Milion* (pluriel : *Millionen*)
1 000 000 000	*eine Milliarde* (pluriel : *Milliarden*)

- Les nombres cardinaux composés se construisent comme des mots composés. Il faut les analyser de droite à gauche, donc à l'inverse du français :

  24 = vierundzwanzig (quatre et vingt)

  vingt-quatre (vingt [+] quatre)

Les nombres ordinaux

- Pour les nombres de 1 à 19, rajouter la terminaison *-te*.
- À partir de 20, rajouter la terminaison *-ste*. Notez que 1er, 2e, etc. s'écrivent 1., 2., etc. :

  *1. = ers**te***
  *2. = zwei**te***
  *3. = drit**te***
  *4. = vier**te***
  *5. = fünf**te***
  *6. = sechs**te***
  *7. = sieb**te***
  *8. = ach**te***
  *9. = neun**te***
  *10. = zehn**te***
  *11. = elf**te***
  *12. = zwölf**te***
  *19. = neunzehn**te***
  *20. = zwanzig**ste***
  *21. = einundzwanzig**ste***
  *30. = dreißig**ste***
  *100. = hundert**ste***
  *101. = hunderte**ste***
  *1 000. = tausend**ste***
  *10 000. = zehntausend**ste***

Les fractions et les nombres décimaux

À L'ÉCRIT	À L'ORAL
0,7 1/3 1/4 1 1/2 4 1/2	*null Komma sieben* *ein Drittel* *ein Viertel* *eineinhalb* (ou bien : *anderthalb*) *viereinhalb*

À L'ÉCRIT	À L'ORAL
1 mm 2 cm 3 m 5 km 70 km/h 8 m²	*ein Millimeter* *zwei Zentimeter* *drei Meter* *fünf Kilometer* *ziebzig Stundenkilometer* *acht Quadratmeter*
1 g 2 kg 2 Pfd	*ein Gramm* *zwei Kilo* (ou: *Kilogramm*) *zwei Pfund* (*1 Pfund = 500 Gramm*)
7 l	*sieben Liter*
4%	*vier Prozent*
1° - 9° + 20°	*ein Grad* *minus neun Grad* *plus zwanzig Grad*
1 € -,50 € 7,30 €	*in Euro* (toujours au singulier !) *fünfzig Cent* *sieben Euro fünfzig*

5 LES INDICATIONS DU TEMPS

La date

À L'ÉCRIT	À L'ORAL
1999	*neunzehnhundertneunundneunzig*
2004	*zweitausendvier*
1. Mai	*erste Mai (Heute ist der erste Mai)*
1.5.	*erste Fünfte (Heute ist der erste Fünfte)*
11. September 2002	*der elfte September zweitausendzwei*
20.5.1965	*der zwanzigste Fünfte neunzehnhundertfünfundsechzig*
Paris, den 10.4.2004	*Paris, den zehnten Vierten zweitausendvier*

Les jours, les mois, les saisons

- Les jours :
  - *der/am Montag* (le lundi/lundi) — *montags* (tous les lundis)
  - *der/am Dienstag* (le mardi/mardi) — *dienstags* (tous les mardis)
  - *der/am Mittwoch* (le mercredi/mercredi) — *mittwochs* (tous les mercredis)
  - *der/am Donnerstag* (le jeudi/jeudi) — *donnerstags* (tous les jeudis)

der/am Freitag (le vendredi/vendredi) — *freitags* (tous les vendredis)
der/am Samstag (le samedi/samedi) — *samstags* (tous les samedis)
der/am Sonntag (le dimanche/dimanche) — *sonntags* (tous les dimanches)
der/am Wochentag (le jour de la semaine) — *wochentags* (tous les jours de la semaine)

das/am Wochenende (le week-end)
der Tag (die Tage) (le jour) — *tagelang* (pendant/durant des jours)

die Woche (die Wochen) (la semaine) — *wochenlang* (durant/pendant des semaines)

der/am Tag (le jour) — *tagsüber* (pendant la journée)
der/am Morgen (le matin) — *morgens* (tous les matins)
der/am Abend (le soir) — *abends* (tous les soirs)
der/in die Nacht (la nuit) — *nachts* (pendant la nuit)
der/am Vormittag (le matin) — *vormittags* (pendant la matinée)

der/am Nachmittag (l'après-midi) — *nachmittags* (pendant l'après-midi)

- Les mois :

der/im Januar (janvier/en janvier)
der/im Februar (février/en février)
der/im März (mars/en mars)
der/im April (avril/en avril)
der/im Mai (mai/en mai)
der/im Juni (juin/en juin)
der/im Juli (juillet/en juillet)
der/im August (août/en août)
der/im September (septembre/en septembre)
der/im Oktober (octobre/en octobre)
der/im November (novembre/en novembre)
der/im Dezember (décembre/en décembre)

- Les saisons et l'année :

der/im Frühling (le/au printemps)
der/im Sommer (l'/en été)
der/im Herbst (l'/en automne)
der/im Winter (l'/en hiver)
das/im Jahr (l'année)
die Jahre… (en...)
jahrelang (durant/pendant l'année)
im gleichen Jahrhundert) (dans le même siècle)
jahrhundertelang (durant des siècles)

L'heure

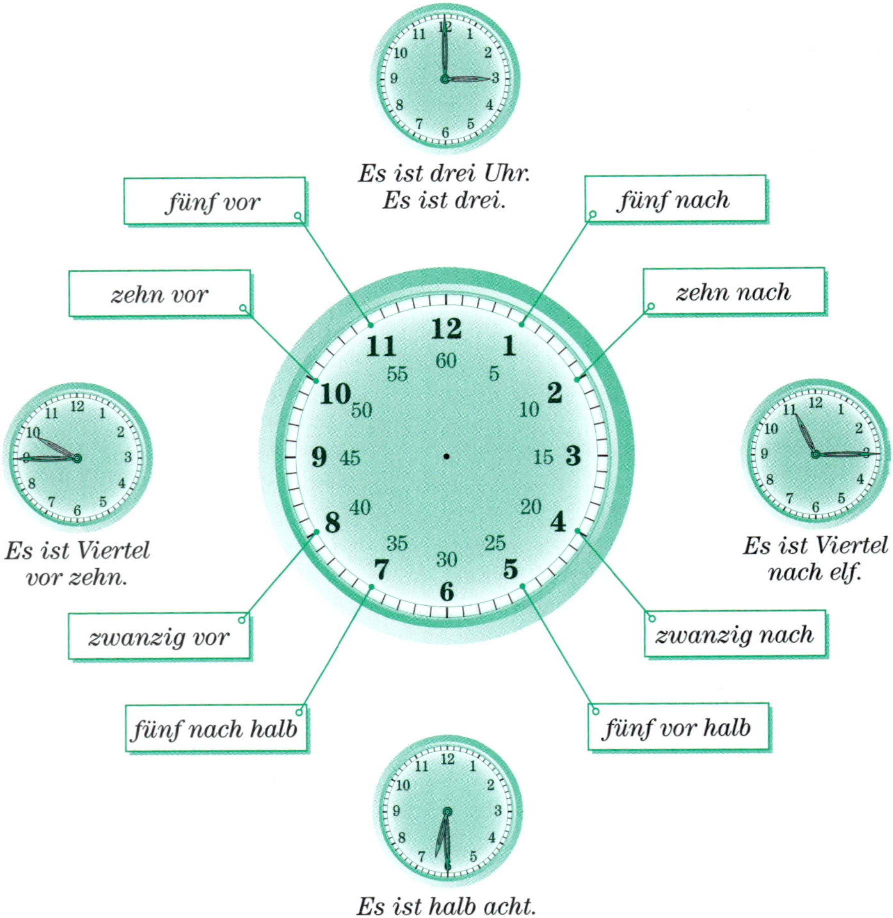

À L'ÉCRIT	À L'ORAL	
	OFFICIEL	LANGAGE COURANT
7.00	*sieben Uhr*	*sieben Uhr*
7.05	*sieben Uhr fünf*	*fünf nach sieben*
9.15	*neun Uhr fünfzehn*	*Viertel nach neun*
10.20	*zehn Uhr zwanzig*	*zwanzig nach zehn*
5.25	*fünf Uhr fünfundzwanzig*	*fünf vor halb sechs*
6.30	*sechs Uhr dreißig*	*halb sieben*
8.35	*acht Uhr fünfunddreißig*	*fünf nach halb neun*
1.40	*ein Uhr vierzig*	*zwanzig vor zwei*
3.45	*drei Uhr fünfundvierzig*	*Viertel vor Vier*
21.50	*einundzwanzig Uhr fünfzig*	*zehn vor zehn*

❻ LA FORMATION DES MOTS

Les adjectifs

- le suffixe *-bar* (= faisable, possible) :

lesen ▸ *lesbar*
lire ▸ lisible
machen ▸ *machbar*
faire ▸ faisable
essen ▸ *essbar*
manger ▸ mangeable
tragen ▸ *tragbar*
porter ▸ portable

- le suffixe *-ig* :

glauben ▸ *gläubig*
croire ▸ croyant
finden ▸ *findig*
trouver ▸ trouvable
Durst ▸ *durstig*
soif ▸ assoiffé ([avoir] soif)
Hunger ▸ *hungrig*
faim ▸ affamé ([avoir] faim)

- les suffixes *-lich, -isch* :

Jahr ▸ *jährlich*
année ▸ par an, annuel
König ▸ *königlich*
roi ▸ royal
Wirtschaft ▸ *wirtschaftlich*
économie ▸ économique
Demokratie ▸ *demokratisch*
démocratie ▸ démocratique

- le suffixe *-un* (sens négatif) :

angenehm ▸ *unangenehm*
agréable ▸ désagréable
lesbar ▸ *unlesbar*
lisible ▸ illisible

Les noms

- les suffixes *-er, -ler* :

lehren ▸ *Lehrer*
enseigner ▸ enseignant
fahren ▸ *Fahrer*
conduire ▸ conducteur
der Sport ▸ *Sportler*
le sport ▸ sportif

schwindeln ▸ *Schwindler*
mentir ▸ menteur
Frankfurt ▸ *Frankfurter*
Francfort ▸ habitant de Francfort

- le suffixe *-chen* (diminutif) :

das Heft ▸ *das Heftchen*
le cahier ▸ le petit cahier
das Bild ▸ *das Bildchen*
l'image ▸ la petite image

- les suffixes *-heit, -keit, -schaft* :

gesund ▸ *die Gesundheit*
en bonne santé ▸ la santé
tapfer ▸ *die Tapferkeit*
courageux ▸ le courage
wissen ▸ *die Wissenschaft*
savoir ▸ la science
das Land ▸ *die Landschaft*
le pays ▸ le paysage

- le suffixe *-ung* :

erzählen ▸ *die Erzählung*
raconter ▸ l'histoire, le récit
heizen ▸ *die Heizung*
chauffer ▸ le chauffage

- le préfixe *-Un* (sens négatif) :

die Ordnung ▸ *die Unordnung*
l'ordre ▸ le désordre
das Glück ▸ *das Unglück*
la chance ▸ le malheur

❼ LA LETTRE COMMERCIALE

Présentation

der Briefkopf (l'en-tête : nom, l'adresse de l'expéditeur)

die Anschrift des Empfängers (l'adresse du destinataire)
z. Hd. von (zu Händen von) (à l'attention de)

Ihr Zeichen (votre référence)

Ihr Schreiben vom (votre lettre du)

Unser Zeichen (notre référence)

das Datum (la date)

der Betreff (l'objet)

die Anrede (l'appellation)

der Brieftext (le corps du texte)

die Schlussformel (la formule de politesse)

die Unterschrift (la signature)

der Aufgabenbereich (le service)
die Funktion (la fonction)

die Anlage (la pièce jointe)

À savoir

BETREFF

- Contrairement au français, on écrit directement l'objet de la lettre en gras. (On n'écrit donc pas Betreff: ......)

ANREDE

- Ici on s'adresse à la personne à laquelle la lettre est destinée. Attention à la virgule:

  Sehr geehrte Damen und Herren, (on ne connaît pas le nom de la personne)
  Sehr geehrte Frau Müller, (on s'adresse à une dame)
  Sehr geehrter Herr Schneider, (on s'adresse à un homme)

BRIEFTEXT

- Contrairement au français, il n'y a pas d'alinéa au début d'un paragraphe. En allemand, on aligne le texte à gauche. Étant donné que nous avons une virgule après le titre, le premier paragraphe commence avec une minuscule.

SCHUSSFORMEL

- La formule de politesse la plus répandue commence par la dernière phrase dans le corps du texte (voir la lettre type ci-dessous): ...... *und verbleiben* (et restons).
- Cette formule est suivie par *mit freundichen Grüssen* (meilleures salutations). Il est à noter ici que le *mit* est en minuscules étant donné que ce n'est pas une nouvelle phrase qui commence. Il n'y a pas de point après *Grüssen*.

UNTERSCHRIFT

- En allemand on signe toujours au-dessus de son nom. Il est donc important de laisser suffisamment de place entre la formule de salutation et le nom pour que la personne puisse signer convenablement.

ANLAGE

- Au singulier, cela veut dire qu'il n'y a qu'une seule pièce jointe. Au pluriel (*Anlagen*) il y en a plusieurs. Quant au graphisme, on souligne *Anlage* ou *Anlagen* et on écrit en dessous l'intitulé des pièces jointes.

Belingo Reisen
Adenauer Ring 1
1000 Berlin
Tel: 030 / 15 45 88 00
mail: belingo-reisen@gmx.de

Jolly Hotel Ambasciatori
z. Hd. von Herrn Künass
Reservierungsabteilung
Rheinstrasse 7

D – 55430 Oberwesel

Ihr Zeichen	Ihr Schreiben vom	Unser Zeichen	Datum
		RA/jp	14. Januar 2004

Anfrage

Sehr geehrter Herr Künass,

wir führen nächstes Ostern eine Busreise an den Mittelrhein durch. Wir möchten Sie um ein Angebot bitten für die Zeit vom 09. bis zum 12. April 2004.

Verpflegung: 2 x Halbpension
Zimmerkontingent: ca. 18 Doppelzimmer
ca. 4 Einzelzimmer.

Auch bitten wir Sie um Zusendung von Hausprospekten.

Für einen baldigen Bescheid sind wir Ihnen dankbar und verbleiben

mit freundlichen Grüssen

Renate Apfelgärtner
Sales-Managerin

Note sur la lettre : les références (*Unser Zeichen*)

- Les initiales en lettres majuscules sont les initiales du nom de la personne qui dicte la lettre. C'est aussi elle qui signe et qui sera responsable des conséquences de la lettre. Les initiales en lettres minuscules après la barre de fraction sont les initiales du nom de la personne qui a tapé la lettre. Le plus souvent, il s'agit de la secrétaire. « RA/jp » signifie donc que c'est Renate Apfelgärtner qui signe ; « jp » sont les initiales de sa secrétaire.

8 LE CURRICULUM VITAE

- Aujourd'hui, le CV allemand (*Lebenslauf*) est présenté sous forme de tableau pour faciliter sa lisibilité. Quant au classement des dates, il faut respecter la chronologie. Le diplôme le plus récent, par exemple, se trouve à la fin dans la rubrique *Diplome* et non au début comme dans un CV français.
- Le CV allemand doit être complet (plus d'une page) et des photocopies des diplômes y sont jointes en annexe. Par rapport aux emplois, stages, etc., une description détaillée des travaux effectués est souhaitable.
- Une photo d'identité doit être fournie, généralement collée sur la première page en haut à droite. La date et la signature doivent figurer à la fin du CV.

Structure possible

1. *persönliche Daten* (informations personnelles)
2. *Schule und Studium* (études)
3. *Diplome* (diplômes)
4. *Sprachen* (langues)
5. *Auslandsaufenthalte* (séjours à l'étranger)
6. *Berufliche Tätigkeiten* (expérience professionnelle)
7. *Besondere Fertigkeiten* (spécialisations)
8. *persönliche Interessen* (intérêts personnels, loisirs)
9. *Sonstiges* (divers)

Exemple d'un CV

Persönliche Daten	
Name	Bouvier
Vorname	Charlotte
Geburtsdatum	20. 11.1981
Wohnort	16, rue des Peupliers, 75013 Paris
Telefon	0033 1 46 62 88 65
Mail	charlotte.bouvier@aol.com
Staatsangehörigkeit	Französin
Familienstand	ledig

Schule und Studium

Sept. 87 - Juni 92	Grundschule «Les Peupliers», Paris
Sept. 92 - Juni 96	Realschule Notre-Dame, Paris
Sept. 96 - Juni 99	Gymnasium Notre-Dame, Sannois mathematisch-naturwissenschaftliches Abitur
seit Sept. 99	Betriebswirtschaftsstudium an der Universität Paris X, Paris. Schwerpunkte im 1. und 2. Jahr: Verkaufs- und Marketingpraktitkum, Fremdsprachen

Berufliche Tätigkeiten

Juli 1999	Ferienarbeit bei «Euralie» (Bekleidung), Orléans. Bestandaufnahme und Lagerverwaltung
Dezember 1999	Beobachtungspraktikum bei «SEPHORA» (Parfüm und Kosmetik), Paris. Beobachtung der verschiedenen Arbeitsabläufe in den einzelnen Abteilungen
April - Juni 2000	Verkaufspraktikum bei «DARTY S.A.» (elektrische Haushaltsgeräte), Paris. Kundenbetreuung und Kundenberatung
Juli 2000	Fereinarbeit bei Air France, Flughafen Charles de Gaulle, Paris. Bodenpersonal Check-In

Sprachen

Französisch	Muttersprache
Englisch	fließend in Wort und Schrift
Deutsch	gut in Wort und Schrift
Italienisch	Grundkenntnisse
Japanisch	Grundkenntnisse

Diplome und Zeugnisse

1998	Jugendgruppenbetreuer (staatl. Schulungsnachweis «Bafa»)
1999	Abitur

Besondere Fähigkeiten

EDV- Kenntnisse

Word 97 (einschließlich Excel 4 Herstellen von Makros)

Photoshop

Internet (als Kommunikationsmittel, Suchmotor)

Namo 6 (Herstellung von Internet-Seiten)

Sprachaufenthalte	
Juli 1996	London, England (4 Wochen) bei Freunden, Besuch einer Sprachenschule
Juli 1997	Nottingham, England (4Wochen) bei Freunden, Besuch einer Sprachenschule
Juli 1998	kulturelle Rundreise in Australien
Sept. 2000	Heidelberg, Deutschland (9 Wochen) bei Freunden, Besuch einer Sprachenschule

Persönliche Interessen

- französische Literatur des 19. Jahrhunderts
- Tennis, Segeln
- Reisen um andere Kulturen kennen zulernen
- Engagement im humanitären Dienst

9 LA LETTRE DE MOTIVATION

La lettre de motivation allemande suit les mêmes règles que pour la lettre de motivation française.

Structure possible

1. Expliquez comment vous avez connu la société. S'il s'agit d'un stage, précisez la durée souhaitée.
2. Décrivez votre situation professionnelle actuelle.
3. Expliquez pour quel poste vous postulez.
4. Décrivez les raisons pour lesquelles ce poste vous intéresse (votre motivation).
5. Proposez de répondre à des questions éventuelles.
6. Demandez un entretien.
7. Remerciez la personne pour l'attention qu'elle aura prêtée à votre candidature.

Formules utiles

DÉBUT DE LA LETTRE

Ich beziehe mich auf Ihre Anzeige in ...... , und möchte mich um die Stelle als ...... bewerben

Suite à/Me référant à/En référence à votre annonce parue dans ...... , je me permets de solliciter une place de ......

Dem Figaro von heute morgen entnehme ich, dass Sie einen ...... mit guten Deutschkenntnissen suchen.

J'ai lu dans Le Figaro de ce matin que vous cherchez un ...... ayant de bonnes connaissances en allemand.

Im Rahmen meines Studiums...

Dans le cadre de mes études...

Das dritte Studienjahr sieht ein Auslandspraktikum von mindestens 4 bis 5 Monaten vor.

La troisième année prévoit un stage à l'étranger d'une durée égale à au moins 4 ou 5 mois.

... die Möglichkeit die theoretischen Kenntnisse praktisch anzuwenden.

... la possibilité de mettre en pratique les connaissances théoriques.

Qualifications et expérience

Während meiner Lehrzeit bei ...... eignete ich mir gute Buchhaltungskenntnisse an ......

Au cours de mon apprentissage chez ......, j'ai acquis de bonnes connaissances en ......

Ich besitze Diplome für ......

Je possède des diplômes de ......

Ich spreche fließend Deutsch und habe gute Japanischkenntnisse.

Je parle couramment l'allemand et j'ai des bonnes connaissances en japonais.

Während des erstens Jahres meines Studiums habe ich bereits ein achtwöchiges Praktikum in der Verkaufsabteilung von ...... gemacht.

Au cours de ma première année d'études j'ai effectué un stage de huit semaines dans le service des ventes chez ......

Motivation

Ich suche mich zu verändern, weil mir eine Firma Ihrer Größe bessere Möglichkeiten bietet.

J'aimerais changer de poste parce qu'une maison de votre importance m'offrira de meilleures possibilités.

Ich möchte in Deutschland eine Volontärzeit machen, um meine Deutschkenntnisse zu verbessern.

J'aimerais faire un stage en Allemagne afin de perfectionner mes connaissances en allemand.

In Bezug auf den Im- und Export gibt Ihre Firma und Ihr Land die idealen Voraussetzungen für mich, um meine Kenntnisse im internationalen Handel zu vertiefen.

Votre entreprise, ainsi que votre pays, présentent des conditions idéales pour que je puisse approfondir mes connaissances de l'import et de l'export.

Ihre Firma nimmt einen bedeutenden Platz auf dem internationalen Mark ein. Aus diesem Grunde wäre es von größtem Vorteil für mich bei Ihnen ein Praktikum absolvieren zu können, um meine Kenntnisse im Bereich des Marketing bedeutend verbessern.

Votre entreprise occupe une place prépondérante sur le marché international. Effectuer un stage au sein de votre maison serait un avantage considérable pour moi, afin d'approfondir mes connaissances dans le domaine du marketing.

Fin de la lettre

Für eventuelle Fragen stehe ich Ihnen gerne zur Verfügung.

Je reste à votre entière disposition pour des questions éventuelles.

In der Hoffnung, dass meine Bewerbung auf Ihr Interesse stößt, verbleibe ich…
En espérant que ma candidature retienne/retiendra votre attention, je vous prie d'agréer…
Ich würde mich sehr freuen, wenn Sie meine Bewerbung berücksichtigen würden, und verbleibe
Je vous serais très reconnaissant si vous pouviez prendre en considération ma candidature.

Exemple d'une lettre de motivation (demande de stage)

Auslandpraktikum

Sehr geehrte Damen und Herren,

zur Zeit studiere ich Betriebswirtschaft an der Universität Paris X in Paris. Im Rahmen des vierjährigen Studiums müssen die Studenten an vielen Praktika teilnehmen, davon eins im dritten Studienjahr. Dieses Praktikum soll gemäss der Schulordnung im Ausland stattfinden und dazu dienen sehr gute Kenntnisse im internationalen Wirtschaftsleben zu erlangen. Ebenfalls sollen dabei die Sprachkenntnisse ernsthaft weiterentwickelt werden.

Dieses Praktikum von mindestens vier Monaten soll in einem Zeitraum zwischen dem 1. August und dem 30. Dezember 2001 stattfinden, welches ich gerne in Ihrem Unternehmen durchführen würde.

Ich interessiere mich besonders für den Bereich Außenhandel/Internationale Beziehungen, da es mir vor allem darum geht, einen Einblick in ein deutsches Unternehmen zu bekommen und dadurch seine Arbeitsweise kennen zulernen.

Über ein Gespräch mit Ihnen, in dem wir uns über mich und die Möglichkeit der Durchführung eines Praktikums in Ihrem Unternehmen unterhalten könnten, würde ich mich sehr freuen, und verbleibe

mit freundlichen Grüßen

Charlotte Bouvier

Exercices

Niveau des exercices :

✩ = facile (*leicht*) ✩✩ = moyen (*mittel*) ✩✩✩ = difficile (*schwer*)

Le groupe nominal

1 LE GENRE (p. 9)

1 Trouvez l'article défini qui convient. ✩

1. ...... Monument
2. ...... Nachmittag
3. ...... Koffer
4. ...... Lehrerin
5. ...... Zeitung
6. ...... Freund
7. ...... Busfahrer
8. ...... Norden
9. ...... Februar
10. ...... Situation
11. ...... Dokument
12. ...... Bauer
13. ...... Mehrheit
14. ...... Tor
15. ...... Traube

2 Trouvez l'article défini qui convient. ✩

1. ...... Schwierigkeit
2. ...... Kommunismus
3. ...... Gesellschaft
4. ...... Einsamkeit
5. ...... Versammlung
6. ...... Bücherei
7. ...... Achtung
8. ...... Gruppe
9. ...... Mutter
10. ...... Freitag
11. ...... Terror
12. ...... Direktor
13. ...... Uhr
14. ...... Konferenz
15. ...... Eigenschaft

3 Trouvez l'article défini qui convient. ✩

1. ...... Schnee
2. ...... Garten
3. ...... Termin
4. ...... Aufzug
5. ...... Beruf
6. ...... Welt
7. ...... Wein
8. ...... Krankheit
9. ...... Fest
10. ...... Mädchen
11. ...... Nordpol
12. ...... Theater
13. ...... Kellner
14. ...... Zimmer
15. ...... Büro

4 Trouvez l'intrus. ✩

1. Schüler – Lösung – Zeitung – Metzgerei
2. Sozialismus – Regen – Motor – Liebe
3. Übung – Verkäufer – Neuling – Montag
4. Studium – Rauchen – Bier – Schönheit
5. Flüchtling – Wissenschaft – Italienerin – Rose
6. Junge – Hund – Tisch – Tante
7. Landschaft – Nachbarin – Höflichkeit - Fahrer
8. Mannschaft – Abend - Astrologin – Oma
9. Baum – Löffel – Wasser – Teller
10. Regen - Kind – Baum – Mann

5 **Remplacez l'article indéfini par l'article défini.** ✩

1. ein Flugzeug
2. ein Engagement
3. eine Figur
4. ein Apfel
5. eine Nummer
6. ein Stuhl
7. ein Wörterbuch
8. eine Bäckerei
9. ein Restaurant
10. ein Bärchen
11. ein Ding
12. eine Wand
13. ein Fernseher
14. ein Radio
15. eine Schwester
16. ein Mädchen
17. ein Laden
18. eine Druckerei
19. ein Sportler
20. ein Schwimmbad

6 **Trouvez les articles définis et indéfinis qui conviennent.** ✩✩

1. ....../...... Export
2. ....../...... Einfuhr
3. ....../...... Geschäft
4. ....../...... Handel
5. ....../...... Projekt
6. ....../...... Rat
7. ....../...... Buchhalter
8. ....../...... Maschine
9. ....../...... Polizist
10. ....../......Konkurrenz
11. ....../...... Bankrott
12. ....../...... Konto
13. ....../...... Bilanz
14. ....../...... Scheck
15. ....../...... Ausgabe
16. ....../...... Name
17. ....../...... Schreibtisch
18. ....../...... Gericht
19. ....../...... Fabrikant
20. ....../......Termin
21. ....../...... Gehalt
22. ....../...... Gehaltserhöhung
23. ....../...... Arbeitnehmer
24. ....../...... Gewerkschaft
25. ....../...... Wettbewerb
26. ....../...... Kredit
27. ....../...... Mahnung
28. ....../...... Sonderangebot
29. ....../...... Verlust
30. ....../...... Kreditkarte

2 LE PLURIEL (p. 11)

7 **Quelle terminaison au pluriel ? Choisissez la bonne case.** ✩

	-S	-¨ER	-N	-EN	-¨E	Ø	-E
Auto							
Kuh							
Arbeiter							
Polizist							
Haus							

•••

	-S	-¨ER	-N	-EN	-¨E	Ø	-E
Büro							
Geschäft							
Tochter							
Übung							
Auszug							
Kartoffel							
Uhr							
Maschine							
Bärchen							
Winter							
Übung							
Frau							
Lokomotive							
Wagen							
Zug							
Parkplatz							
Motor							
Wald							
Foto							
Ausbildung							

8 Quelle terminaison au pluriel ? Choisissez la bonne case. ☆

	-S	-¨ER	-N	-EN	-¨E	Ø	-E
Tafel							
Schule							
Buchstabe							
Erklärung							
Bedeutung							
Dummheit							
Ermutigung							
Frage							
Kugelschreiber							
Stundenplan							
Radiergummi							
Hausaufgabe							
Schwamm							
Sprache							

•••	-S	-¨ER	-N	-EN	-¨E	Ø	-E
Note							
Klassenarbeit							
Füller							
Klasse							
Tisch							
Stuhl							
Verbot							
Wörterbuch							
Zusammenfassung							
Universität							
Schuljahr							
Lehrer							
Kenntnis (s)							
Lektion							

9 **Trouvez l'article défini qui convient, puis mettez le nom au pluriel.** ✩✩

1. ...... Wagen
2. ...... Vogel
3. ...... Bruder
4. ...... Monat
5. ...... Apfel
6. ...... Motor
7. ...... Franzose
8. ...... Position
9. ...... Berg
10. ...... Sofa
11. ...... Mädchen
12. ...... Kartoffel
13. ...... Tochter
14. ...... Hotel
15. ...... Verkäuferin
16. ...... Jacke
17. ...... Socke
18. ...... Mandel
19. ...... Wurst
20. ...... Sessel
21. ...... Füller
22. ...... Computer
23. ...... Fernseher
24. ...... Programm
25. ...... Lineal
26. ...... Rektor
27. ...... Physiker
28. ...... Drucker
29. ...... Tastatur
30. ...... Lektion

10 **Mettez au pluriel le groupe de mots en italiques.** ✩✩

1. Er kauft sich *ein Messer*.
2. Im Hafen liegt *ein Segelboot*.
3. Der Praktikant nimmt an *einer Konferenz* teil.
4. Haben Sie *den Brief* schon geschrieben?
5. Ist *die Bestellung* schon aufgegeben?
6. Hier hast du Schrauben und *eine Mutter*.

7. Im Büro gab es *eine Veränderung*.
8. Eric hat *eine Schwester*.
9. Im Büro brennt *die Lampe* noch.
10. *Der Drucker* ist kaputt.
11. Wo ist *die Zeitung*?

11 Mettez au pluriel le groupe de mots en italiques. ✩✩

1. Wohin fährt *die Straßenbahn*?
2. Wo ist *die nächste Haltestelle*?
3. Im Park steht *eine Bank*.
4. Hast du *den Fahrschein* schon gekauft?
5. Wo gibt es in diesem Geschäft *einen CD-Player* zu kaufen?
6. Wann wird *die Maschine* aufgebaut?
7. *Der Student* ist an der Uni.
8. Wieviel Euro kostet *der Anzug*?
9. Wann schließt *das Geschäft*?
10. *Das Gesetz* steht im Grundgesetz.
11. *Der Abgeordnete* ist schon im Bundestag.

12 Traduisez. ✩✩✩

1. Les comptables sont en réunion.
2. Les caissières font grève.
3. La société Klein paie ses factures par chèque.
4. Avez-vous des carnets de chèques.
5. Les prix ont baissés.
6. Les produits sont très compétitifs.
7. Trois clients ont gagné un voyage à Berlin.
8. La société Schmidt a licencié cinq techniciens.
9. Les beaux-parents habitent à Cologne.
10. Ces phrases sont difficiles.

13 Traduisez. ✩✩✩

1. Nous avons deux chambres à coucher.
2. Kai a deux placards dans sa chambre.
3. Sabine a dix ans.
4. Les loyers sont trop élevés.
5. J'ai une invitation pour toi.
6. Ces informations sont fausses.
7. La discussion des ministres a porté sur des lois.
8. L'Allemagne a beaucoup de traditions.
9. Il existe toujours des préjugés dans le monde.
10. Cette année, la classe 5c a fait deux excursions.

❸ LES MOTS COMPOSÉS (p. 13)

14 **Combinez chaque nom (1-11) avec un autre (A-K) pour former un mot composé, puis ajoutez l'article défini.** ✩

1. ... Bier......	A. Kuchen
2. ... Garten......	B. Blume
3. ... Telefon......	C. Bett
4. ... Einbahn......	D. Ferien
5. ... Regen......	E. Brei
6. ... Kaffee......	F. Buch
7. ... Kartoffel......	G. Bogen
8. ... Kinder......	H. Tasse
9. ... Phantasie......	I. Bank
10. ... Herbst......	J. Strasse
11. ... Schokoladen......	K. Garten

15 **Combinez chaque nom (1-10) avec un autre (A-J) pour former un mot composé, puis ajoutez l'article défini.** ✩

1. ... Schnell......	A. Stunde
2. ... Stunden......	B. Schrank
3. ... Fahr......	C. Präsident
4. ... Bahn......	D. Ferien
5. ... Kühl......	E. Schirm
6. ... Bundes......	F. Strasse
7. ... Schul......	G. Apparat
8. ... Regen......	H. Player
9. ... Foto......	I. Hof
10. ... CD......	J. Plan

16 **Complétez chaque phrase par l'un des mots composés qui sont proposés.** ✩✩

Autobahn	*Autowerkstadt*	*Bundespräsident*
Fußgängerzone	*Hauptstadt*	*Menükarte*
Nichtraucherabteil	*Nordsee*	*Regenschirm*
Schreibmaschine	*Sommerferien*	*Sonnenbrand*
Tennisschläger	*Wassermann*	*Landstrasse*

1. Der ...... ist nach Tokio geflogen.
2. Es regnet. Mach deinen ...... auf.
3. Auf der ...... kann man schneller fahren als auf einer ....
4. Mein Auto ist in der ...... zur Reparatur.
5. Ober! Bringen Sie uns bitte die ....
6. Das ist ein ...... von Boris Becker.

7. In der ...... dürfen keine Autos fahren.
8. In den ...... fahren wir nach Frankreich.
9. Berlin ist die ...... von Deutschland.
10. Gibt es noch Fische in der ...... ?
11. Ich habe noch eine alte ....
12. Hier ist ein Platz im ....
13. Mein Sternzeichen ist ....
14. Monika hatte sich am Strand einen ...... geholt.

17 Complétez chaque phrases par l'un des mots composés qui sont proposés. ☆☆

Abendschule	*Börsenbericht*	*Fahrkartenschalter*
Grundrecht	*Klassenzimmer*	*Vorstellungsgespräch*
Pauschalreise	*Schneeflocken*	*Speisewagen*
Süßwasser	*Urwald*	*Zebrastreifen*
Weihnachtsbaum	*Wettervorhersage*	*Wolkenbruch*

1. Die ...... verspricht nichts Gutes.
2. Gestern hatten wir einen ......
3. In den Alpen fielen viele ...... während der Nacht.
4. Es gibt immer weniger Bäume im ....
5. Zu Weihnachten haben wir immer einen schönen ......
6. Alle Aktien sind gefallen! Habt ihr den ....nicht gelesen?
7. Stefan hatte gestern ein ...... bei Mercedes.
8. Bei rot darf man nicht über den ...... gehen.
9. Hier ist euer ...... für dieses Schuljahr.
10. Er lernt Französisch in der ......
11. Wo ist hier im Bahnhof der ...... ?
12. Die Müllers haben eine ...... für China gebucht.
13. Habt ihr im ...... während der Zugfahrt gegessen?
14. Die Meinungsfreiheit ist ein ....
15. ...... kann man trinken.

18 Traduisez. ☆☆☆

1. das Wohnzimmer **2.** das Wörterbuch **3.** die Handtasche **4.** der Rotwein **5.** das Lagerfeuer **6.** die Heugabel **7.** der Mitarbeiter **8.** die Männerstimme **9.** die Innenstadt **10.** die Abfahrt **11.** der Außenminister

19 Traduisez. ☆☆☆

1. le manuel scolaire **2.** le mouchoir **3.** le kiosque à journaux **4.** la voiture de sport **5.** le pourboire **6.** le rayon de soleil **7.** l'ouvre-bouteilles **8.** la Forêt Noire **9.** le job de vacances **10.** le parasol **11.** le tremblement de terre

❹ LES FONCTIONS DU GROUPE NOMINAL : LES CAS (p.15)

20 Est-ce que le groupe nominal en italiques est au nominatif (N) ou à l'accusatif (A) ? ✩

1. Nimmst du *den Bus* um 7.00 Uhr?
2. *Der Kellner* bringt uns die Getränke.
3. Nach dem Essen bringt er uns *die Rechnung*.
4. *Die Rechnung* ist zu hoch.
5. Der Journalist interviewt *den Politiker*.
6. *Die Urlaubsbilder* sind sehr schön geworden.
7. Wir kaufen uns alle *ein T-Shirt* im Geschäft.
8. Stefan braucht *ein neues Mathematikheft*.
9. Wo ist *die Sporttasche* von Rainer?
10. Gib mir bitte *einen Bleistift*.
11. *Der Kapitän des Schiffes* heißt Roland Mayers.
12. Sabrina holt *den Fotoapparat*.
13. Die Sekretärin schreibt *einen Brief*.
14. Rainer liest *die Schülerzeitung*.
15. Es ist heiß. Möchtest du *ein Eis*?

N	A

21 Est-ce que le groupe nominal en italiques est à l'accusatif (A) ou au datif (D) ? ✩

1. Nimmst du *den Regenschirm* mit?
2. Der Schulranzen gehört *dem Mädchen* dort.
3. Seit *diesem Unfall* fährt er vorsichtiger.
4. Auf *wen* wartest du?
5. Er liest die Zeitung *im Wohnzimmer*.
6. Ich zeige *den Touristen* die Stadt Paris.
7. Dann gebe ich *den Ausländern* den Stadtplan.
8. Mit wem bist du *zur Arbeit* gefahren?
9. Setz dich auf *diesen Stuhl* hier.
10. Wann kommt der Briefträger mit *der Post*?
11. Willst du nicht *die Eintrittskarten* kaufen?
12. Beeil dich! Der Bus ist schon an *der Haltestelle*.
13. Die Sekretärin öffnet *den Brief*.
14. Dicke Regenwolken schweben über *der Stadt*.
15. Wir stehen auf *der Brücke*.

A	D

22 Choisissez la bonne préposition pour compléter les phrases. ☆

1. ...... der Bushaltestelle stehen viele Leute. (an, bei, auf, nach)
2. Marion ist gerade ...... der Schule gekommen. (nach, bei, aus, zu)
3. Die Kinder spielen ...... dem Ball. (an, mit, seit, über)
4. Wir sind alle ...... dem Garten. (bei, von, aus, in)
5. Wir haben ...... die Wiedervereinigung gesprochen. (über, nach, vor, um)
6. Er hat sich ...... einer Kündigung entschlossen. (seit, mit, von, zu)
7. Der Lehrer half mir ...... den Übungen. (bei, an, um, aus)
8. Wir haben uns sicher ...... dem Wald verirrt. (auf, über, in, um)

23 Complétez les mots avec la terminaison qui convient. ☆☆

1. D... Mädchen grüßt d... Lehrer.
2. Tobias hat ein... Hund.
3. Ich will d... Pullover nicht anziehen.
4. D... Mutter kauft ein... Schulranzen.
5. Die Oma erzählt uns ein... Märchen.
6. Katrin macht ein... Foto vom Eiffelturm.
7. Edith ist krank. Du musst ein... Arzt anrufen.
8. Wir haben ein... Weltreise gemacht.
9. D... Computer hat ein... Defekt.
10. Du brauchst kein... Regenschirm mitzunehmen.

24 Complétez les mots avec la terminaison qui convient. ☆☆

1. Wir nehmen heute d... Flugzeug in Berlin Tegel.
2. Vorher haben wir ein... Taxi genommen.
3. Hast du ein... Bruder?
4. Torsten hat ein... Geburtstagsgeschenk für Elvira gekauft.
5. D... Verkäuferin zeigt Mutti ein... Kleid.
6. Ich trinke kein... Kaffee.
7. Hast du d... Postkarten geschrieben?
8. Herr Klein hört gerne d... Musik von Beethoven.
9. Wo hast du d... Fernsehprogramm hingelegt?
10. Gib mir bitte d... Fernbedienung.

25 Complétez les mots avec la terminaison qui convient. ☆☆

1. Die Kinder kommen aus d... Schule.
2. Sie müssen mit ein... Kugelschreiber das Formular ausfüllen.
3. Nach d... Kino gehen wir noch in ein... Restaurant.
4. Julia geht mit ein... Freundin in d... Schwimmbad.
5. Wer holt die Brötchen bei d... Bäcker?
6. Mit d... Bus geht es schneller als mit d... Fahrrad.
7. Sie ist auf ein... Bananenschale ausgerutscht.

8. Wir parken das Auto in d... Tiefgarage.
9. Stell das Buch zurück in d... Bücherregal.
10. Wir warten seit ein... Stunde auf dich.

26 Complétez les mots avec la terminaison qui convient. ✩✩

1. Kann ich d... Direktor sprechen?
2. Nach d... Scheidung hat er seine Frau nicht mehr gesehen.
3. Ich danke dir für d... Geschenk.
4. An d... Ampel gab es ein... Unfall.
5. Bei w... hast du geschlafen?
6. Wir spielen gerne mit d... Karten.
7. Hast du das Bier schon aus d... Keller geholt und in d... Kühlschrank gelegt?
8. Schau mal aus d... Fenster! Es schneit!
9. Diese CD ist für d... Absatzmarkt zu teuer.
10. Das Buch wurde von d... Autor ganz umgearbeitet.

27 Complétez les mots avec la terminaison qui convient. ✩✩

1. Er hatte ein... schlimm... Unfall.
2. D... warm... Sonne schien d... ganz... Tag.
3. Er wohnt bei sein... neu... Freundin.
4. Bei dies... Unfall hatte er sehr groß... Glück gehabt.
5. Ich schreibe mein... französisch... Freund ein... lang... Brief.
6. Mein älter... Bruder hat ein... gut... Beruf.

28 Traduisez. ✩✩✩

1. Il voit un bateau.
2. C'est un tournesol.
3. J'écris une lettre.
4. Peux-tu me donner le walkman?
5. Nous n'avons pas de table.
6. L'enfant achète un poisson pour l'aquarium.
7. Où est le chat?
8. Qui a un stylo bille et une feuille de papier?
9. J'achète une pomme, une banane et une orange.
10. Je vois un cerisier.

29 Complétez les phrases en utilisant *aus, von, vor, über, auf* ou *an*. ✩✩✩

1. Die Lampe hängt ...... dem Tisch.
2. ...... dem Material mache ich dir keine Weste.
3. Am 9. November 1989 kamen die Ostdeutschen ...... die Grenze nach Westdeutschland.
4. Das hier sind die Reste ...... deinem Geburtstag.

5. Maria hat Angst ...... dem Hund des Nachbarn.
6. Karin, komm doch bitte ...... die Tafel.
7. Du kannst deinen Mantel hier ...... die Garderobe hängen.
8. Alle diese Akten stammen ...... der Zeit der DDR.
9. Kannst du das Besteck ...... den Tisch legen?
10. Die Fans sprangen ...... Begeisterung ...... die Bühne.
11. Der Kuchen ...... Oma ist doch der Beste.
12. Wir kommen gerade ...... dem Restaurant.
13. ...... der Speisekarte standen sehr viele italienische Spezialitäten.
14. ...... Geldangelegenheiten spricht man nicht.
15. Der Briefträger steht ...... der Tür. Er hat ein Einschreiben ...... dem Gericht.
16. Christina denkt ...... ihren neuen Freund ...... Schweden.
17. Flugblätter wurden ...... der Stadt abgeworfen.
18. ...... einem Jahr war ich noch in den USA.
19. ...... wem hast du diese Postkarte bekommen?
20. ...... wen schreibst du diesen langen Brief?

30 Complétez les phrases avec les prépositions qui conviennent. ✩✩✩

1. Sie fährt immer ...... dem Zug zu ihrer Nichte.
2. Gehst du heute noch ...... die Post und ...... Bank?
3. Wir kamen erst spät ...... der Nacht ...... Hotel an.
4. Wir sind ...... Montag ...... Samstag ...... Urlaub.
5. Unser neuer Wagen steht ...... der Tür.
6. ...... wann muss das Referat fertig sein?
7. ...... wem willst du zusammenarbeiten?
8. Wir sind schon ...... einem Monat ...... Meer.
9. Alle liegen ...... einem Sonnenschirm.
10. Tante Hilde stellt den Apfelkuchen ......den Kaffeetisch.

31 Complétez les phrases avec les prépositions qui conviennent. ✩✩✩

1. Manfred fährt ...... seiner Schwester.
2. Dein Motorrad steht ...... der Tür.
3. Ein Poster hängt ...... der Wand.
4. Das Licht brennt ...... der Küche.
5. Sie geht ...... den Garten.
6. Ich stehe jeden Tag ...... sieben Uhr auf.
7. Mutti kocht Kaffee ...... uns alle.
8. Abends gehen wir ...... ein Restaurant.
9. Ich fahre ...... die Schweiz, und dann ...... Frankfurt.
10. Die Schüler kommen ...... der Großstadt.
11. ...... dem Frühstück machen sie ihre Betten.
12. ...... dichten Nebels konnten die Autos nicht fahren.
13. Er machte sich gestern sehr früh ...... den Weg zur Arbeit.

❺ LES COMPLÉMENTS CIRCONSTANCIELS (p. 18)

32 ***Wo* ou *Wohin* ? Complétez les questions.** ✩

1. ...... steht dein Auto? Auf dem Parkplatz.
2. ...... können wir spielen? Hier im Wohnzimmer.
3. ...... ist unser Koffer? Den haben wir am Bahnhof vergessen?
4. ...... läuft der Hund so schnell? An die Gartentür.
5. ...... arbeitet die Sekretärin? Sie arbeitet bei Mercedes.
6. ...... fährst du in den Ferien? In die Schweiz.
7. ...... liegt meine Zeitung?Im Wohnzimmer.
8. ...... ist Anne? Sie sitzt im Park auf einer Bank und liest.
9. ...... ist sie gegangen? In den Supermarkt.
10. ...... ist die Katze gesprungen? Auf den Baum.

33 ***Wo* ou *Wohin* ? Complétez les questions.** ✩

1. ...... bist du?
2. ...... fährst du?
3. ...... wohnst du?
4. ...... hast du das Buch hingelegt?
5. ...... warst du gestern?
6. ...... läufst du?

34 **Complétez les phrases en utilisant *bei* ou *zu*.** ✩

1. ...... wem warst du den ganzen Abend.
2. Die Kinder sind ...... Oma.
3. Wir gehen am Sonntag ...... den Meyers zum Kaffee.
4. Wir sind ...... Verwandten zu Besuch.
5. Ich geh noch schnell ...... Bäcker und hole Brötchen.
6. Können wir nicht ...... mit Fern sehen?
7. Er hat alle Briefe ...... Post gebracht.
8. Er ist schon 30 und wohnt immer noch ...... seinen Eltern.
9. Wir sind erst am Abend wieder ...... Hause.
10. Gehen wir heute ...... Italiener?

35 **Quelle préposition ? Complétez les phrases.** ✩

1. Der Direktor kommt ...... Büro.
2. Frau Müller schreibt einen Brief ...... der Schreibmaschine.
3. Wir haben ...... dem Lastwagen geparkt.
4. ...... zwei Monaten waren wir noch in Frankreich.
5. Unser Hund liegt immer ...... dem Tisch.
6. Kannst du die Vase bitte ...... den Tisch stellen?
7. Es ist schönes Wetter. Lass uns ...... Garten essen.

8. Renate kommt gerade ...... der Schule.
9. Diese Bluse ist ...... reiner Seide.
10. Man trinkt nicht ...... der Flasche!
11. Wir sind ...... das Eis geglitten.
12. Wir werden ...... Mexiko reisen.
13. Ich komme gerade ...... Zahnarzt.
14. Wir sind ...... die Fußgängerzone spaziert.
15. Dieser Zug kommt ...... Schweden.

36 Mettez les mots dans l'ordre pour faire des phrases. (Attention : le verbe est à l'infinitif.) ✩

1. die Milch – sein – in – der Kühlschrank
2. der Kamin – Vati – über – das Bild – hängen
3. das Einkaufen – kommen – von – Mutti
4. die Gläser – der Tisch – auf – Maya – stellen
5. hinter – der Garten – der Zaun – sein – Apfelbäume – mit
6. der Spreewald – sie – fahren – der Kahn – durch - mit
7. warten – wir – vor – das Theater
8. über – der Tisch – die Birne – in – sein – kaputt – die Lampe
9. das Brandenburger Tor – die Autos – durch - fahren
10. Wolken – der Osten – von – kommen

37 Quelle préposition ? Complétez les phrases. ✩

1. ...... technischen Gründen ging die Zentrale nicht.
2. Die Ware wurde ...... dem Zug geliefert.
3. ...... diese Art und Weise kann es nicht funktionieren.
4. ...... eines Motorenschadens konnte das Schiff nicht ablegen.
5. Briefe für die USA werden ...... Luftpost befördert.
6. Die Informationen wurden ...... Lautsprecher verkündet.
7. Er machte seine Arbeit ...... aller Eile.
8. ...... Bedarf können wir Ihnen auch größere Mengen liefern.
9. Die Mitarbeiter legten die Arbeit ...... Protest nieder.
10. Klaus hatte die Prüfung ...... Erfolg bestanden.

38 Quelle préposition ? Complétez le phrases. ✩✩

1. Du musst noch ...... Hotel anrufen, und das Zimmer reservieren.
2. Pass ...... die kleinen Kinder auf.
3. Hast du dir ...... dem Essen die Hände gewaschen?
4. ...... einer Woche haben wir endlich Urlaub.
5. Denk doch ...... die Arbeitslosen.
6. Dieses Hemd passt nicht ...... deinem Anzug.
7. Er fängt nächste Woche ...... dem Studium an.

8. Die Deutschen haben sich ...... die Medaillen gefreut.
9. Rauche nicht so viel. Du musst mehr ...... deine Gesundheit achten.
10. Wir haben uns ...... Kauf dieses Autos entschieden.

39 Quelle préposition temporelle ? Complétez les phrases. ☆☆

1. Der Zug kommt ...... 15.36 Uhr an.
2. Du sollst ...... der Mittagspause zum Direktor kommen.
3. Stefan steht jeden Morgen ...... 6.00 h auf.
4. ...... Geburtstag habe ich viele Geschenke bekommen.
5. Er kommt ...... 01. Oktober aus dem Urlaub zurück.
6. ...... August sind fast alle Geschäfte geschlossen.
7. Die Geschäfte sind ...... 12.00 Uhr ...... 14.00 h geschlossen.
8. ...... Weihnachten sind wir bei den Großeltern.
9. Du kannst so ...... acht Uhr abends kommen.
10. ...... Mittwoch haben wir keine Schule.

40 Complétez les phrases en utilisant *in, vor* ou *seit.* ☆☆

1. ...... wann bist du schon in Paris?
2. Ich bin spätestens ...... einer Stunde zu Hause.
3. Er ist schon ...... einer Stunde unterwegs.
4. ...... einer halben Stunde war sie noch im Büro.
5. ...... drei Monaten bin ich volljährig.
6. Wir kommen ...... zehn Minuten bei dir vorbei.
7. Ich kenne meinen Freund schon ...... zwei Jahren.
8. ...... zwei Stunden schien noch die Sonne.
9. ...... einem Jahr konnte er noch kein Deutsch.
10. ...... einem Jahr ist er in Deutschland.

41 Quelle préposition pour indiquer le lieu ? Complétez les phrases. ☆☆

1a. Ich wohne ...... München. **b.** Wir fahren ...... München.
2a. Thomas ist ...... Chef. **b.** Thomas soll ...... Chef gehen.
3a. Wir machen ...... Ostsee Urlaub. **b.** Wir fahren ...... Ostsee.
4a. Dort lagen wir lange ...... Strand. **b.** Wir sind jeden Tag ...... Strand gegangen.
5a. Ich bin ...... Apotheke. **b.** Ich muss noch ...... Apotheke Medikamente kaufen.

42 Complétez les phrases en utilisant *an, aus* ou *vor.* ☆☆

1. Er litt ...... Lungenkrebs.
2. Er konnte sich ...... Schmerzen fast nicht bewegen.
3. ...... Liebe zu ihm, nahm sie 20 kg ab.
4. ...... Wut knallte sie die Tür zu.
5. Sie starb ...... Herzversagen.
6. Du bist ja schon ganz blau ...... Kälte.

7. Dieser Autofahrer war Schuld ...... dem Unfall.
8. Die Nachbarn fürchteten sich ...... dem bissigen Hund.
9. Diese Ohrringe sind ...... Gold.
10. Sie handelte ...... Liebe zu ihm.

43 Traduisez. ✿✿✿

1. La voiture est devant la maison.
2. Nous étions au cinéma.
3. Pose le livre sur la table, s'il te plaît.
4. Accroche l'image ici au mur.
5. Je t'attendrai à la gare mardi prochain.
6. Mets-toi au travail !
7. Les devoirs sont écrits au tableau.
8. Il s'est garé juste devant la banque.
9. Vas-tu encore à l'école ?
10. Mets-toi derrière Thomas, s'il te plaît.
11. On n'a plus de confiture dans le placard.

44 Traduisez. ✿✿✿

1. Madame Dupont travaille ici tous les matins.
2. Je suis en vacances depuis une semaine.
3. Est-ce que vous pouvez réparer la voiture pour samedi ?
4. Nous partons pour Paris à Noël.
5. L'avion décolle dans 10 minutes.
6. Il fait toujours chaud en été.
7. Les magasins sont ouverts jusqu'à 18 heures.
8. Je t'attends depuis une heure devant ce guichet.
9. Nous arrivons à l'hôtel vers 21 heures.
10. Le matin je suis toujours fatigué.

45 Traduisez ✿✿✿

1. Katrin s'assied à côté de Louise.
2. La mariée était entre son époux et son beau-père.
3. Nous nous retrouvons devant la fontaine sur la grande place.
4. Sors la glace du frigo et mets-la sur la table à côté de l'eau.
5. Au parc, le chien court toujours après les pigeons.
6. Nous avons réservé une table au restaurant.
7. Peux-tu me chercher à la maison, puis me conduire à la gare ?
8. Nous avons passé nos vacances au bord de la mer.
9. Monsieur Müller rentre du bureau vers 18 heures.
10. En mai il fait déjà plus chaud.

46 Complétez la lettre. ✩✩✩

Sehr geehrter Herr Gaul,
vielen Dank ...... Ihren Auftrag ...... 50 CD-Playern.
Die Ware kann .... 15. diesen Monats geliefert werden, wenn Sie ...... einer Lieferung ...... Luftfracht einverstanden sind.
Der Rechnungsbetrag beläuft sich dann ...... 450 Euro. Wie bereits vereinbart, gewähren wir Ihnen einen Mengenrabatt ...... 5 % .
Wir hoffen ...... eine weitere gute Zusammenarbeit und verbleiben ...... freundichen Grüssen

A. Schnaus
Verkaufsabteilung

6 LES PRONOMS (p. 23)

47 Remplacez les mots en italiques par un pronom personnel. ✩

1. Mutti ruft *die Kinder*.
2. Das Auto gehört *meinem Vater*.
3. Klaus hat *seinen Führerschein* gemacht.
4. *Der Computer* wird gerade installiert.
5. *Oma* kocht heute mein Lieblingsgericht.
6. *Der Praktikant* hilft in der Produktion.
7. Ich habe *Stefanie* heute noch nicht gesehen.
8. *Dieses Kleid* ist viel zu teuer.
9. Klaus fährt mit *seiner Freundin* in Urlaub.
10. Wo ist *die CD*?

48 Remplacez les mots en italiques par un pronom personnel. ✩

1. *Kai* schreibt *einen Brief*.
2. *Dieses Haus* gehört *Steffen und Ulrike*.
3. *Karin und Uwe* sehen *den Vogel* über dem Meer.
4. *Die Kinder* bekamen *Schokolade* geschenkt.
5. *Mutti* putzt *die Fenster*.
6. *Lea* braucht *einen neuen Badeanzug*.
7. *Die Müllers* kommen auch zur *Party*.
8. *Frau Schneider* hat schon mit *Herrn Schink* gesprochen.
9. *Rolf* sucht *die Autoschlüssel*.
10. *Dieses Einschreiben* ist für *die Personalabteilung*.

49 Complétez les pronoms relatifs. ✩

1. Die Kathedrale, d... du dort siehst, ist die Notre Dame in Paris.
2. Die Fähre, d... wir jetzt nehmen, überquert den Rhein.
3. Das Märchen, d... Oma erzählt, heißt Aschenputtel.
4. Der Sänger, d... Lied du gerade hörst, ist sehr bekannt.
5. Die Tasche, d... sie trägt, war sehr teuer.
6. Das Sofa, auf d... du sitzt, ist ein Erbstück von meiner Oma.
7. Der Kinofilm, von d... wir die Werbung gesehen haben, ist spannend.
8. Der Kugelschreiber, mit d... du schreibst, ist ein Mont Blanc.
9. Der Sohn, auf d... sie stolz sind, heißt Rolf Schumacher.
10. Die Wiese, auf d... wir liegen, ist im englischen Garten.

50 Complétez chaque réponse par un pronom possessif qui reprend les mots en italiques. ✩

1. Ist das *Franks Schreibtisch*? Ja, das ist ....
2. Ist das *Martinas Rock*? Ja, das ist ....
3. Sind das *Heinrichs Bücher*? Ja, das sind ....
4. Ist das *Leos Motorrad*? Ja, das ist ....
5. Sind das *Brittas Brillen*? Ja, das sind ....
6. Ist das *deine Brieftasche*? Ja, das ist ....
7. Ist das *euer Computer*? Ja, das ist ....
8. Sind das *unsere Koffer*? Ja, das sind ....
9. Sind das *Michaels CDs*? Ja, das sind ....
10. Ist das *Karls neuer Hund*? Ja das ist ....

51 Complétez chaque phrase par un pronom réfléchi ou un pronom personnel. ✩

1. Ich wasche ...... die Hände vor dem Essen.
2. Wir setzen ...... an den Tisch zum Essen.
3. Kannst du ...... nicht kämmen bevor du aus dem Haus gehst.
4. Der Kellner hat ...... über das Trinkgeld gefreut.
5. Ihr habt aber lange auf ...... warten lassen.
6. Sie haben ...... lange nicht mehr gesehen.
7. Wir haben ...... einen guten Platz ausgesucht.
8. Ich habe ...... verlaufen.
9. Setz ...... doch endlich hin!
10. Wollt ihr ...... nicht waschen?

52 Quel pronom interrogatif ? Complétez les questions. ✩

1. A: ...... ist am Telefon?
   B: Frau Metzger ist am Telefon.
2. A: ...... hat du gerade gesprochen?
   B: Ich habe gerade mit Thomas gesprochen.

3. A: ...... sind die Aktenordner?
   B: Die Aktenordner sind im Schrank.
4. A: ...... kommt der Chef wieder zurück?
   B: Der Chef ist am Donnerstag wieder da.
5. A: ...... geht es Ihnen?
   B: Mir geht es heute gar nicht gut.
6. A: ...... machen wir am Sonntag?
   B: Am Sonntag machen wir eine Bootsfahrt.
7. A: ...... gehören diese Schuhe?
   B: Sie gehören der kleinen Petra.
8. A: ...... ziehst du keinen Pullover an?
   B: Weil mir zu heiß ist.
9. A: ...... sind die Äpfel?
   B: Sie sind noch in der Einkaufstasche.
10. A: ...... Euro hast du noch?
   B: Ich habe noch genau 5 Euro.
11. A: ...... habt ihr die ganze Zeit gesprochen?
   B: Wir haben über den neuen Film von Spielberg gesprochen.
12. A: ...... hat er vor der Pizzeria getroffen?
   B: Er hat Rainer vor der Pizzeria getroffen.
13. A: ...... kommt dieser ausgezeichnete Wein?
   B: Dieser Wein kommt aus Italien.
14. A: ...... hast du geschlafen?
   B: Ich habe bei Stefanie geschlafen.
15. A: ...... sind sie in Urlaub gefahren?
   B: Wir sind nach Portugal gefahren.

53 Reliez les deux phrases par un pronom relatif, comme dans l'exemple. ☆☆

Exemple: Das ist Stefan. Ich gebe ihm ein Bonbon.
*Das ist Stefan, **dem** ich ein Bonbon gebe.*

1. Da kommt ihr Sohn. Sie macht ihm etwas zu essen.
2. Diese Kinder sind meine Freunde. Ich war mit ihnen im Kino.
3. Hier ist ja die Tasche. Ich habe sie den ganzen Tag gesucht.
4. Meine Tante wohnt in Baden-Baden. Ich besuche sie oft.
5. Ich sehe eine Oper. Sie ist sehr bekannt.
6. Du kannst dir den Rock kaufen. Er ist nicht teuer.
7. Gib mir bitte das Kissen. Du sitzt darauf.
8. Die Aufgaben sind schwer. Wir müssen sie lösen.
9. Der Kuchen schmeckt gut. Du hast ihn selbst gemacht.

54 Reliez les deux phrases par un pronom relatif. ☆☆

1. Meine Freundin bekam ein Kind. Du kennst sie.
2. Die Uhr ist sehr schön. Das Kind hat sie sich gewünscht.

3. Die Kinder gehen heute nicht zur Schule. Sie spielen auf der Strasse.
4. Die Geschichte kenne ich schon. Du erzählst sie.
5. Das Kind ist gefallen. Es weint.
6. Frau Müller zitterte. Ihr Sohn hatte einen schweren Unfall.

55 Remplacez les mots en italiques par des pronoms personnels, comme dans l'exemple. ☆☆

Exemple : *Willi* gibt *seiner Freundin einen Terminkalender.*
Er gibt es ihr.

1. *Die Kellnerin* bekommt von *meinem Vater ein Trinkgeld.*
2. *Die Kinder* malen für *den Großvater ein Bild.*
3. *Der Rezeptionist* zeigt *den Kunden ein Zimmer.*
4. *Der Kellner* empfiehlt uns *das Tagesmenü.*
5. *Monika* schickt *einem Freund eine Postkarte.*
6. *Die Lehrerin* verteilt *die Klassenarbeiten* an *die Schüler.*
7. *Die Kinder* helfen *der alten Frau* über die Strasse.
8. *Die Großeltern* freuen sich immer, *die Kinder* zu besuchen.
9. Kannst du *Petra* bitte *den Senf* geben?

56 Quel pronom personnel ? Choisissez (a, b, c ou d) et complétez les phrases. ☆☆

1. Ist die Post schon da? Ich möchte ...... öffnen.
a. sie **b.** ihn **c.** es **d.** dir
2. Da kommt Petra. Ist das nicht ...... Freundin?
a. sie **b.** deine **c.** ihr **d.** euch
3. Du gehst ...... auf die Nerven!!
a. ihre **b.** sie **c.** es **d.** mir
4. Wann kommt ihr ...... einmal in Berlin besuchen?
a. sie **b.** uns **c.** mir **d.** dich
5. Dieses Bild gefällt ...... gut.
a. mich **b.** mir **c.** sie **d.** ihn

57 Quel pronom personnel ? Complétez les phrases. ☆☆

1. Das Bier ist zu bitter. Ich kann ...... nicht trinken.
2. Max ist im Krankenhaus. Ich bringe ...... einen Blumenstrauß.
3. Guten Tag Frau Frensch. Geht es ...... wieder besser?
4. Ja, ... geht es wieder etwas besser.
5. Gehört dieser Bleistift Karin. Ja, ... gehört ....
6. Wann gehen ...... mal wieder ins Theater?
7. Wann machen ...... eine Rheinfahrt?
8. Eine Rheinfahrt? Das würde ...... (ich) auch gut gefallen.
9. Sie schickt ...... (er) ein Paket.
10. Kommt ihr noch mit zu ...... (ich) nach dem Kino?

58 Posez les questions qui correspondent aux réponses, comme dans l'exemple. ☆☆

Exemple : *Ich warte auf den Bus.*
Worauf wartest du?

1. Ich wohne in Calais.
2. Ich komme aus Südfrankreich.
3. Ich bin seit einer Stunde da.
4. Das ist mein Vater.
5. Wir fahren nach Spanien.
6. Ich war mit meiner Freundin im Kino.
7. Das Buch liegt auf dem Schreibtisch.
8. Wir treffen uns um drei Uhr.
9. Es sind 5 Flaschen Bier.
10. Sie schreibt einen Brief.
11. Wir sprechen über die Olympiade.
12. Das Heft gehört mir.
13. Ich fliege in die Vereinigten Staaten.

59 Posez la question sur l'élément en italiques, comme dans l'exemple. ☆☆

Exemple : Fred wohnt in der *ehemaligen deutschen Hauptstadt.*
Wo wohnt Fred?

1. Diese Tulpen kommen alle *aus Holland.*
2. Sarah bringt *ihrer Freundin* ein kleines Vögelchen.
3. Ich denke an *die letzten Ferien mit Ivan.*
4. Mein Computer ist *modern.*
5. Wir haben uns seit *fünf Jahren* nicht mehr gesehen.
6. Wir kommen gerade *vom Sportplatz.*
7. Diese Weste besteht aus *Baumwolle und Kunstseide.*
8. Sabine ist *nach Bordeaux* gefahren.
9. Du musst *die Tastatur* hinten am Computer einstecken.
10. Die neuen Kugelschreiber habe ich auf *deinen Schreibtisch* gelegt.
11. Wir haben über *die Wiedervereinigung* gesprochen.
12. Es ist schon *zwei Uhr*!
13. Mein Sohn ist schon *25 Jahre* alt.
14. Die kleinen Kätzchen schlafen gerne auf *dem Sofa.*

60 Complétez les pronoms démonstratifs. ☆☆

1. D... Kätzchen ist sehr schön
2. D... Kuchen ist eine Kirschtorte.
3. Ist d... Brot nicht von gestern?
4. S... Kinder sind sehr schwer zu erziehen.
5. D... Wassertemperatur ist sehr angenehm.

6. S... Kleidung ist sehr teuer in Paris.
7. J... Pullover gefällt mir noch am besten.
8. Wann kommen endlich d... Monteure?
9. Lange mussten wir auf s... einen Sieg warten.
10. Kann man hier d... Geld umtauschen?

61 Complétez chaque phrase par un pronom possessif. ✿✿

1. Karsten macht ...... Hausaufgaben.
2. Kai fährt mit ...... Motorrad nach München.
3. Mutti fährt mit ...... Auto zum Einkaufen.
4. Nehmen Sie Milch in ...... Tee?
5. Hast du ...... Zeitungsartikel schon gelesen?
6. Wir fahren zu ...... Großeltern nach Braunschweig.
7. Er besucht ...... Freundin.
8. Habt ihr ...... Zimmer schon aufgeräumt.
9. Können wir mit ...... Fahrrädern in die Stadt fahren?
10. Tante Louise hat schon ...... Koffer ins Auto gepackt.

62 Traduisez. ✿✿✿

1. Je le sais.
2. C'est notre nouvelle maison.
3. Voici son sac. Il lui appartient.
4. La chaise sur laquelle tu es assise est ancienne.
5. « Où est ton chapeau ? » « Je l'ai oublié au restaurant. »
6. C'est Monsieur Klein. Veux-tu lui demander quelque chose ?
7. Ce cartable appartient à un élève.
8. Ce n'est pas votre voiture.
9. Ce livre est le mien et non le tien.
10. Merci beaucoup pour votre lettre.
11. Le livre que tu vois est vieux.

63 Expliquez les mots en faisant une proposition relative comme dans l'exemple. ✿✿✿

Exemple : *Das Kinderbett*
Das ist ein Bett, in dem Kinder schlafen.

1. die Wochenzeitung **2.** der Aktenordner **3.** die Spülmaschine **4.** der Blumenkasten **5.** der Fotoapparat **6.** die Blumenvase **7.** das Puppenhaus **8.** die Badewanne **9.** der Wohnwagen **10.** die Holztreppe **11.** das Wörterbuch **12.** das Zweifamilienhaus

64 Traduisez. ✿✿✿

1. À quoi penses-tu ?
2. Avec qui es-tu allé au cinéma ?

3. Pour qui est ce cadeau ?
4. Pourquoi ne travailles-tu pas comme les autres ?
5. Combien d'enfants ont-ils ?
6. En quoi consiste ce travail ?
7. De quoi s'agit-il ?
8. Qui va avec moi au théâtre ?
9. D'ou viennent-ils ?
10. Lequel des crayons est le tien ?

65 Traduisez. ✩✩✩

1. Karl apporte ses livres à la bibliothèque.
2. Notre maison est en face de la gare.
3. Ce livre est intéressant.
4. Thomas apprend ses leçons.
5. Ton tablier est sale.
6. N'as-tu pas vu ses chaussures ?
7. Avez-vous vos crayons ?
8. Est-ce votre chapeau, Madame Klein ?
9. Cette rue est barrée.
10. La voiture de son père (à lui) est garée devant notre maison.

7 LES ADJECTIFS (p. 29)

66 Complétez chaque adjectif par la marque qui convient. ✩

1a. ein klein... Mädchen **b.** das klein... Mädchen
2a. ein neu... Computer **b.** der neu... Computer
3a. eine rot... Rose **b.** die rot... Rose
4a. ein groß... Büro **b.** das groß... Büro
5a. ein jung... Doktor **b.** der jung... Doktor
6a. ein schnell... Motorrad **b.** das schnell... Motorrad
7a. ein lang... Schreibtisch **b.** der lang... Schreibtisch
8a. ein alt... Telefon **b.** das alt... Telefon
9a. ein klein... Bildschirm **b.** der klein... Bildschirm
10a. eine nett... Frau **b.** die nett... Frau

67 Complétez les articles et les adjectifs par les marques qui conviennent. ✩

1a. d... klein... Sekunde **b.** klein... Sekunden
2a. d... ganz... Jahr **b.** ganz... Jahre
3a. ein... bunt... Illustrierte **b.** bunt... Illustrierte
4a. ein......weiß... Schneeflocke **b.** weiß... Schneeflocken

5a. d... westlich... Demokratie **b.** westlich... Demokratien
6a. ein... spannend... Roman **b.** spannend... Romane
7a. d... hektisch... Autofahrer **b.** hektisch... Autofahrer
8a. d... unsicher... Schüler **b.** unsicher... Schüler
9a. ein... überfüllt... Mülleimer **b.** überfüllt... Mülleimer
10a. d... verstopft... WC **b.** verstopft... WCs

68 Complétez les articles, les pronoms et les adjectifs par les marques qui conviennent. ✩

1. Willst du ein... gut... Film mit mir sehen?
2. Hast du d... blau... Kleid von Frau Schönberger gesehen?
3. Kannst du mir d... kalt... Wasser geben?
4. Dies... billig... Bleistifte sind nichts.
5. Das Spielzeug ist für mein... klein... Bruder.
6. Hast du mein... neu... schwarz... Schuhe gesehen?
8. In dies... alt... Restaurant haben wir gut... Wein getrunken.
9. Sie trägt ein... ausgefallen... Hut.
10. Wir machen gerne in d... warm... Ländern Urlaub.

69 Utilisez les éléments proposés pour faire des phrases. (Attention à mettre les marques qui conviennent et à utiliser la bonne forme du verbe.) ✩

1. die Dorfkirche – stehen auf – alt – der Marktplatz
2. Bei – gehen in – Wetter – schlecht – klein – das Kino – wir
3. berühmt – die Mona Lisa – sein – der Louvre – zu sehen – in
4. die Nachbarn – sein – neu – das Appartement - groß – ziehen – in
5. Wir – die Fabrik – in – arbeiten – voll automatisch

70 Complétez les articles, pronoms et adjectifs par les marques qui conviennent. ✩✩

1. D... groß... Lastwagen steht vor d... groß... Tor.
2. Dies... alt... Firma hat ein... neu... jung... Direktor.
3. Mit dies... rentabl... und elektronisch... Maschinen machen wir ein... hoh... Gewinn.
4. D... reich... Unternehmer hat ein... neuartig... Arbeitsteilung eingeführt.
5. Neben dies... gemütlich... Restaurant wurde ein riesig... Hotel eröffnet.
6. Die älter... Arbeitslosen finden nur sehr schwer ein... gut... Arbeit mit ein... angemessen... Bezahlung.
7. D... alt... Kundin lässt sich von d... reizend... Ober ein... neu... Tasse mit heiß... Tee bringen.
8. Die Katze sitzt auf d... schmutzig... Fensterbank.

9. D... durstig... Kinder möchten ein... frisch... Coca-Cola trinken.
10. D... betrunken... Autofahrer hatte ein... schrecklich... Unfall in d... klein... Winkelgasse verursacht.

71 **Complétez les mots dans les annonces par les marques qui conviennent.** ☆☆

1. Jugendlich... und sportlich... Mann, Anfang 40, sucht ein... liebevoll... , reizend... und arbeitswillig... Frau. Sie sollte ein... gut... Ausbildung haben, selbständig... und häuslich... sein.

2. Klein... , zierlich... , attraktiv... Frau sucht ein... gut aussehend... intelligent... und reich... Mann mit ein... schnell... Auto für lang... Reisen in d... fern... Ausland.

3. Klein... flauschig... Schmusekatze sucht ein... toll... Stubentiger mit geräumig......- Wohnung.

4. Jung... Student sucht ein möbliert... Zimmer bei ein...... – älter...... – nett... Dame.

72 **Complétez les articles, pronoms et adjectifs par les marques qui conviennent.** ☆☆

1. Er hatte ein... schlimm... Unfall.
2. D... warm... Sonne schien d... ganz... Tag.
3. Er wohnt bei sein... neu... Freundin.
4. Bei dies... Unfall hatte er sehr groß... Glück gehabt.
5. Ich schreibe mein... französisch... Freund ein... lang... Brief.

73 **Type I ou Type II ? Choisissez la bonne case.** ☆☆

	TYPE I	TYPE II
1. Wir haben einen neuen Bürgermeister gewählt.		
2. Diese kleinen Vögel sind sehr schön.		
3. Tom hat seinen brandneuen CD-Player dabei.		
4. Hier gibt es viele preisgünstige Waren.		
5. So eine ermüdende Reise mache ich nicht noch einmal.		
6. Der freundliche Asylbewerber bedankte sich.		
7. Die rassistischen Übergriffe werden immer gefährlicher.		
8. Wir sollten unsere alten Traditionen wahren.		
9. Das war ein erstaunlicher Sieg.		
10. Diese begeisterten Fans schlugen das Mobiliar kaputt.		

74 Complétez le conte en ajoutant les marques qui conviennent. ✩✩✩

Ein... jung... Mädchen lebt mit sein... Eltern in ein... groß... Wald. Das Mädchen hat von d... alt... Großmutter ein... rot... Käppchen bekommen. Deshalb nennen es die Leute « Rotkäppchen ». Nun ist die alt... Großmutter krank. Die Mutter bäckt ein... klein... Kuchen und legt ihn in ein... braun... Korb. Sie gibt ihr auch ein... grün... Flasche Wein. So geht Rotkäppchen nun durch d... groß... Wald zu d... krank... Großmutter. Im Wald trifft sie ein... bös... Wolf. « Schau hier sind viel.......... schön... Blumen » sagt der Wolf.

« Dein... krank... Großmutter freut sich bestimmt über die gelb... und rot.... Blumen.» Das Mädchen folgt dem Rat und pflückt die Blumen. Der Wolf aber geht zu d... Großmutter und frisst sie auf.

Dann zieht er ihr weiß... . Nachthemd an und legt sich in ihr weich... Bett. Wenig später kommt das jung... Rotkäppchen in das dunkl... Schlafzimmer der Großmutter. Erstaunt fragt das Rotkäppchen: « Großmutter, warum hast du so groß... Augen? » « Damit ich dich besser sehen kann» sagt der listig... Wolf. « Großmutter warum hast du so lang... Ohren? » fragt das ängstlich... Mädchen. « Damit ich dich besser hören kann » sagt der schwarz... Wolf. « Großmutter, warum hast du so ein...groß... Mund? » « Damit ich dich besser fressen kann » sagt der Wolf, springt aus d... weich... Bett und frisst das klein... Mädchen mit ein... Biss. Der Wolf legt sich wieder in das gemütlich... Bett und fällt in ein... tief... Schlaf. Da kommt der Förster mit d... grün... Hemd an d... klein... Haus vorbei und hört das laut... Schnarchen. Er schaut durch das klein... Fenster und sieht d... dick... bös... Wolf und erschießt ihn. Mit ein... Messer schneidet er d... Bauch auf, und die alt... Großmutter und das jung... Rotkäppchen kommen heraus. Sofort setzen sich die glücklichen drei an d... Tisch und essen den fein... Kuchen. Dem Wolf legen sie schwer... Steine in d... Bauch und nähen ihn zu. Als der Wolf aufwacht, hat er ein... groß... Durst und geht zu d... Brunnen. Als er sich herüberbeugt, fällt er in d... tief... Brunnen und ertrinkt.

75 Complétez le conte en ajoutant les marques qui conviennent. ✩✩✩

Ein... jung... Königin und ein... schön... König wünschen sich ein... Kind. Eines Tages hört ein... klein... grün... Frosch den Wunsch der traurig... Königin. D... grün... Frosch sagt ihr: « Dein Wunsch wird erfüllt. In ein... Jahr wirst du ein... klein... Tochter zur Welt bringen.» Nach ein... Jahr bringt also die Königin ein... klein... Tochter zur Welt. Der König freut sich so sehr, dass er ein... groß... Fest veranstaltet. Viel... alt... und jung... Leute kommen. Im Land wohnen auch dreizehn Hexen. Leider bleiben aber nur zwölf Teller übrig. Ein... Hexe wird also nicht eingeladen. Am Tage des Festes kommen alle Leute. Die zwölf gut... Hexen sprechen einen Zauberspruch, damit d... klein... Mädchen nichts passiert. Die dreizehnte Hexe aber kommt plötzlich auch zu d... groß... Fest.

Ihr... lang... Zauberspruch ist ein bös... Zauberspruch. D... bös... Hexe rächt sich dafür, dass sie nicht an d... groß... Fest teilnehmen darf und auch nicht von d... groß... golden... Tellern essen darf.

Die Königstochter soll sich am fünfzehnten Geburtstag mit d... spitz... Spindel stechen und tot hinfallen. Die zwölfte Hexe aber hat ihr... Spruch noch nicht gesagt. Sie mildert d... bös... Spruch. D... lieblich... Kind soll nur einhundert Jahre schlafen. D... lang... Jahre vergehen und d... schön... Königstochter spielt mit d... groß... und klein... Freunden im bunt... Garten des Schlosses. Am dunkl... Ende des Gartens steht ein... alt... groß...... Turm. Neugierig... geht Dornröschen in d... alt... Turm d... schmal... Treppe hinauf. Ein... alt... Mütterchen sitzt am Spinnrad. Dornröschen möchte es auch versuchen, doch sofort sticht sie sich in ihr... zart... Finger und das rot... Blut tropft auf ihr... lang... weiß... und blau... Kleid. Sofort fällt d... ganz... Land in ein... lang... Schlaf. Rund um das Schloss wächst sehr schnell... ein... dicht... Dornenhecke. Viel... schön... und reich... Prinzen versuchen durch d... Dornenhecke zu gehen. Es gelingt ihnen aber nicht. Eines Tages kommt ein... hübsch... stolz... Prinz vorbei, und schneidet mit sein... Schwert d... dicht... Hecke auseinander. Er geht in d... alt... Turm d... eng... Treppe hinauf und sieht d... jung... hübsch... Prinzessin auf d... groß... Bett in ein... tief... Schlaf. Von d... Schönheit verzaubert; küsst er sie. Dornröschen öffnet die Augen und gleichzeitig erwacht das ganze Land. Das Feuer brennt wieder mit ein... groß... rot... Flamme. Der dick... Koch gibt d... klein... Jungen eine Ohrfeige. Bald darauf feiert d... ganz... Land d... groß... Hochzeit d... hübsch... Königstochter und d... stolz... Prinzen.

76 Traduisez. ✩✩✩

1. Nous habitons dans un petit village, à côté de la vieille église.
2. Notre petite maison possède un joli jardin.
3. Le boulanger du village fait du bon pain.
4. Le jeune facteur arrive avec son vélo jaune.
5. Il y a aussi un vieux médecin.
6. Le matin on peut encore écouter les petits oiseaux chanter.
7. Les vieux paysans racontent toujours de belles histoires.
8. Cette télé appartenaient à mes grandparents allemands.
9. La jeune secrétaire n'a qu'un petit bureau à côté de la cafétéria bruyante.
10. J'ai trouvé un passeport portugais.

8 LES DEGRÉS DE COMPARAISON ET LE SUPERLATIF (p. 32)

77 Complétez chaque phrase par un comparatif de supériorité. ✩

1. Dieser Weg ist steil, aber der andere Weg ist noch ....
2. Das Brot ist noch frisch, aber dieses ist noch ....
3. Im November war es kalt, aber im Dezember war es noch ....
4. Äpfel sind vitaminreich. Kiwis sind noch ....
5. Du bist sehr musikalisch. Heinz ist ....

78 Complétez chaque phrase par un comparatif de supériorité. ✩

1. Frankfurt ist ...... als Mainz (gross)
2. Diese Torte schmeckt bedeutend ...... als der Kuchen. (gut)

3. Karin ist ...... als Hildegard. (klein)
4. Dieser Anzug ist ...... als diese Hose. (teuer)
5. Ich verdiene ......als meine Frau. (viel)

79 Utiliser les éléments proposés pour faire une phrase qui contient un comparatif de supériorité, comme dans l'exemple. ✩

Exemple : *Küchentisch – Schreibtisch – schwer*
Der Küchentisch ist schwerer als der Schreibtisch.

1. Katze – Hund – klein
2. Der Frühling – der Sommer – kalt
3. Im Sommer – die Tage – die Nächte – lang
4. der TGV – der ICE – schnell
5. Der Direktor – die Sekretärin – viel verdienen
6. Marina – Leonard – sympathischer
7. Opa – Oma – alt
8. Der Eiffelturm – hoch – das kleine Haus
9. Lea - Kai – groß

80 Choisissez un adjectif pour compléter chaque groupe nominal. Mettez l'adjectif au superlatif. ✩

schnell *lustig* *hoch* *teuer* *reich*
interessant *nah* *gut* *schwierig* *billig*

1. das ...... Auto
2. der ...... Berg
3. die ...... Diskussion
4. das ...... Hotel
5. die ...... Tankstelle
6. das ...... Ergebnis
7. die ...... Witwe
8. der ...... Aufstieg
9. die ...... Imbissbude
10. die ...... Clowns

81 Complétez la deuxième phrase de chaque paire de phrases par un adjectif (à la forme comparative) qui est le contraire de l'adjectif dans la première phrase, comme dans l'exemple. ✩✩

Exemple : *Dieser Rock ist zu lang. Gibt es keinen ....*
*Dieser Rock ist zu **lang**. Gibt es keinen **kürzeren**.*

1. Das Bier schmeckt nicht gut. Wir kaufen ein ....
2. Der Vortrag ist zu langweilig. Lass uns in einen ...... gehen.
3. Das Spiel ist zu schwierig für die Kinder. Lass uns ein ...... kaufen.
4. Hier ist es zu laut. Lass uns irgendwo hingehen, wo es ...... ist.
5. Dieses Sofa ist zu hart. Können wir uns auf ein ...... setzen?
6. Ich habe viel zugenommen. Dann solltest du ...... essen.
7. Wir kamen zu spät in München an. Ihr hättet ...... losfahren müssen.
8. Meine Suppe ist kalt. Kann ich eine ...... bekommen?
9. Unsere Stadtpläne sind zu alt. Haben Sie keine ...... zu verkaufen?

82 Complétez chaque phrase en utilisant un superlatif. ✩✩

1. Stefan ist sehr klug. Er ist ...... in der Klasse.
2. Steffi Graff spielt gern Tennis. Sie spielt sogar ...... Tennis.
3. Kleinli ist eine große Firma. Sie ist sogar ...... Firma.
4. Lea ist noch sehr jung. Sie ist ...... in der Familie.
5. Sein Auto fährt sehr schnell. Er hat ...... Auto im Ort.
6. Ihre Tante ist sehr reich. Sie ist ....
7. Die Kinder sind sehr freundlich. Sie sind ...... in der Strasse.
8. Frau Mira ist sehr elegant. Sie hat ...... Kleider von München.
9. So ein alter Bikini. Es ist ...... Bikini, den ich je gesehen habe.
10. Diese Sammlung ist sehr umfangreich. Sie ist ....

83 Trouvez le comparatif de supériorité et le superlatif des adjectifs, comme dans l'exemple. ✩✩

Exemple : *Das Zimmer ist dunkel.*
dunkler, am dunkelsten

1. Das Hotelzimmer ist ruhig.
2. Die Kinder sind neugierig.
3. Internet ist praktisch.
4. Diese Ware ist erstklassig.
5. Der Kunde ist zahlungsfähig.
6. Mathe ist kompliziert.
7. Die Metro ist überfüllt.
8. Willi ist sportlich.
9. Dieser Tiger ist noch wild.

84 Complétez les phrases en utilisant *wie* ou *als*. ✩✩

1. Karl-Heinz ist so alt ...... ich.
2. Unsere neue Nachbarin ist so unsympathisch ...... die alte.
3. Du trägst immer schönere Kleider ...... Marion.
4. Er isst mehr ...... er zugibt.
5. Zitronensaft ist nicht so süß ...... Traubensaft.
6. Herr Pol fährt vorsichtiger ...... sein Bruder.
7. Die Verfilmung gefällt mir besser ...... der Roman selbst.
8. In diesem Viertel sind die Wohnungspreise höher ...... in St. Goar.
9. Dieses Praktikum gefällt mir besser ...... die Schule.
10. Dein Auto ist genauso sauber ...... mein Auto.

85 Traduisez. ✩✩✩

1. Berlin est plus grande que Coblence.
2. Il va plus vite en moto qu'en vélo.

3. Cet ordinateur est aussi cher que ton bureau.
4. Ma voiture va aussi vite que la tienne.
5. Il fait plus chaud à Nice qu'à Paris.
6. Doubaï est l'un des pays les plus riches.
7. L'hiver est la saison la plus froide.
8. Cette rose est la plus belle.
9. Plus il se fait tard, plus il est fatiqué.
10. Plus il pleut, mieux poussent les plantes.

86 Traduisez. ✿✿✿

1. Cette robe est la plus élégante.
2. Un éléphant est plus fort qu'un lion.
3. Le prof de maths est plus sévère que le prof d'allemand.
4. Cet enfant est le plus doué de tous.
5. Gerta est aussi habile que Mélanie.
6. C'est le plus beau cadeau que j'aie reçu.
7. Marc travaille moins que Torsten.
8. Il fait de plus en plus chaud.
9. Les vacances d'été sont plus longues que les vacances d'hiver.
10. L'économie allemande est devenue plus forte.

87 Traduisez. ✿✿✿

1. L'essence devient de plus en plus cher.
2. Pourquoi as-tu acheté le stylo le plus cher ?
3. Le Café Bonsch est la meilleure pâtisserie d'Oberwesel.
4. Février est le mois le plus court.
5. Mais il n'est pas toujours le mois le plus froid.
6. Mon italien n'est pas aussi bon que mon allemand.
7. Les meilleurs joueurs viennent des États-Unis.
8. Cette retraitée réalise les plus beaux pots en terre cuite.
9. La médaille d'or est la plus haute récompense olympique.
10. Son rapport n'est pas aussi bon que le tien.

10 LES PARTICULES ADVERBIALES (p. 35)

88 Classez les particules adverbiales suivantes (lieu, temps ou manière). ✿

herein	*gern*	*hinauf*	*immer*
wenigstens	*sehr*	*oft*	*links*
nachher	*damals*	*kaum*	

LIEU	TEMPS	MANIÈRE

89 **Trouvez le contraire de chaque mot ou expression.** ✿

1. von vorn
2. hinauf
3. irgendwo
4. damals
5. frühestens
6. nie
7. zuerst
8. drinnen
9. oft
10. zu lange
11. vorher
12. zuvor

90 **Choisissez l'adverbe qui convient pour compléter chaque phrase.** ✿✿

umsonst *nach* *oben* *kaum* *höchstens* *bestimmt*
offen *dorthin* *herunter* *immer* *sehr*
gleich *immer noch* *heraus* *nirgendwo* *damals*

1. Ich gehe ins Bett, da ich morgen ...... früh aufstehen muss.
2. Alle Geschäfte sind schon zu. Wir sind ...... in die Stadt gefahren.
3. Warum hast du nicht ...... angerufen, als du am Bahnhof warst.
4. Es ist einfach zu laut. Ich habe ...... geschlafen.
5. Sie ist sehr schlank geworden. Sie wiegt ...... 50 kg.
6. Es klingelt. Das ist ...... der Lieferant mit dem Fernseher.
7. Es ist schon Mitternacht und er ist ...... nicht zu Hause.
8. ...... war alles besser.
9. Wir sind im Garten. Kommst du auch ....
10. Komm sofort vom Baum ....
11. Wenn Sie mir bitte ...... folgen möchten.
12. Kommen sie herein. Die Tür ist ....
13. Setzen Sie sich bitte ....
14. Ich kann meine neuen Schuhe ...... finden.
15. Sie ist ...... guter Laune.

Le groupe verbal

❶ LE CLASSEMENT DES VERBES (p. 39)

91 Classez les verbes suivants. ☆

1. machen
2. kennen
3. fragen
4. fahren
5. suchen
6. gewinnen
7. lachen
8. kaufen
9. sprechen
10. lesen

FAIBLE	MIXTE	FORT

92 Complétez les phrases en utilisant le verbe de modalité entre parenthèses, comme dans l'exemple. ☆

Exemple : *Kai ...... heute noch kommen. (können)*
Kai kann heute noch kommen.

1. Ich ...... den Deutschlehrer sehr. (mögen)
2. Heute ist Samstag. ...... wir bis 23.00 h in die Disco gehen? (dürfen)
3. Ich habe den Arm in Gips. Ich ...... nicht schreiben. (können)
4. Ich habe keinen Hunger. Ich ...... nichts essen. (wollen)
5. ...... ich mit Katrin ins Kino gehen? (dürfen)
6. ...... du eine Tasse Kaffee? (wollen)
7. Es zieht. ...... ich das Fenster schließen? (sollen)
8. ...... du mir bitte bei den Aufgaben helfen? (können)
9. Der Kühlschrank ist leer. Wir ...... ins Einkaufszentrum. (müssen)
10. Der Lehrer sagt, ich ...... mehr lernen. (müssen)

93 Complétez les phrases en utilisant *müssen, sollen, können* ou *dürfen*. ☆☆

1. Es tut mir Leid, aber heute ...... ihr zusammen in einem kleinen Bett schlafen.
2. Seid still. Ihr ...... jetzt in der Schule nicht mehr reden.
3. Als ich klein war, ... ich noch nicht schwimmen.
4. Was? Deine Mutti hat es dir erlaubt, das du dich schon schminken ...... ?
5. Wir ...... heute nicht zu Oma fahren. Das Auto ist kaputt.
6. In der Kirche ...... man nicht reden.

7. ...... du heute Abend schon wieder arbeiten?
8. ...... wir am Wochenende ins Schwimmbad gehen?
9. Sehr gut! Du ...... sehr gut lesen!
10. Du siehst nichts mehr. ...... ich dir das Licht anmachen?
11. Ich ...... nicht kommen. Ich habe keine Zeit.
12. Alle Menschen ...... sterben.

94 Utilisez les éléments proposés pour faire des phrases. ✫✫

1. Im Kino – rauchen – Kai – nicht – dürfen – du
2. der Zahn – haben – der Zahnarzt – müssen – ziehen
3. Lisa und Marina – in der Schweiz – arbeiten – wollen
4. gestern – die Steuern – wir – bezahlen – müssen
5. gut benehmen – sollen – die Kinder – sich – bei Tante Luise

95 Traduisez. ✫✫✫

1. Tu n'es pas obligé de tout manger.
2. Je ne peux pas trouver mes chaussures.
3. Mia ne sait pas danser.
4. Je ne peux pas résoudre ce problème.
5. Vous devez maigrir !
6. Tu es malade ? Dois-je appeler un médecin ?
7. Il faut que j'écrive cette carte postale.
8. Veux-tu rester à la maison ?

2 LES TEMPS À L'INDICATIF (p. 42)

96 Mettez les verbes à l'infinitif. ✫

1. geschwommen
2. gestritten
3. verglichen
4. geschrieben
5. gelesen
6. gekannt
7. gewußt
8. gehoben
9. gesagt
10. gefallen
11. gekauft
12. geholt
13. bezahlt
14. geschenkt
15. gewesen
16. probiert
17. telefoniert
18. gehabt
19. abgebrochen
20. weitergegangen

97 Mettez les verbes au prétérit. ✫

1. schlafen
2. abfahren
3. denken
4. geben

5. gewinnen
6. trinken
7. essen
8. schneiden
9. zerbrechen
10. laufen
11. können
12. werden
13. überweisen
14. kennen
15. suchen
16. bringen
17. kommen
18. verschwinden
19. heißen
20. empfinden

98 Mettre les verbes dans les phrases au prétérit, puis au plus-que-parfait. ☆☆

1. Kai fragt den Lehrer.
2. Sabine spielt mit Stefanie.
3. Arbeitest du?
4. Wir gehen ins Kino.
5. Er trägt ihre Tasche.
6. Die Äpfel fallen vom Baum.
7. Er hilft ihr.
8. Sie antwortet ihm.
9. Was reparierst du?
10. Bleibst du zum Abendbrot?

99 Mettez les verbes dans les phrases au parfait, puis au prétérit et au plus-que-parfait. ☆☆

1. Wir kommen gerade an.
2. Sie gibt immer viel Geld aus.
3. Thomas passt nicht auf.
4. Sie laden mich ein.
5. Er holt mich vom Bahnhof ab.
6. Lina ruft ihre Oma an.
7. Sie nehmen an der Konferenz teil.
8. Wir fliegen von Frankfurt ab.
9. Ich stehe um 6.00 Uhr auf.
10. Oma liest eine Geschichte vor.

100 Mettez les verbes dans les phrases au parfait, puis au plus-que-parfait. ☆☆

1. Er versteht kein Wort.
2. Wir warten auf den Lehrer.
3. Die Eltern sitzen im Garten.
4. Ich nehme nicht den Bus.
5. Tina begleitet mich.
6. Ich lese die Zeitung.

7. Ich ziehe mich aus.
8. Sie hängt ihren Mantel in den Schrank.
9. Er kommt immer zu spät nach Hause.
10. Sie vergisst ihre Bücher.

101 Mettre les verbes dans les phrases au parfait, puis au prétérit et au futur. ✩✩

1. Es regnet.
2. Sie besucht ihre Oma.
3. Wir fahren nach Mainz.
4. Mir geht das Geld aus.
5. Er verspricht immer viel.
6. Wir freuen uns auf euren Besuch.
7. Sie kümmert sich um die Kinder.
8. Sie stritten sich um die Erbschaft.
9. Er wundert sich über nichts.
10. Kai hindert ihn an der Arbeit.

102 Mettez les verbes dans les phrases au parfait, puis au prétérit et au futur. ✩✩

1. Die Uhr schlägt zwölf.
2. Wann kommst du?
3. Das tut ihr sehr weh.
4. Thomas schämt sich.
5. Die beiden Brüder hassen sich.
6. Er empfiehlt mir dieses Gericht.
7. Er zögert lange.
8. Wir steigen aus der Metro aus.
9. Sie arbeitet als Verkäuferin.
10. Er gratuliert mir zu meinem Geburtstag.

103 Mettez les verbes dans les phrases au présent, puis au futur. ✩✩

1. Der Zug kam diese Nacht an.
2. Sie verpasste den Bus.
3. Er studierte an der Sorbonne.
4. Sie rannte sehr schnell.
5. Er wollte noch telefonieren.
6. Er zeigte seinen Pass an der Grenze.
7. Man filmte das ganze Ereignis.
8. Die Wolken verschwanden.
9. Wir wanderten durch das Land.
10. Man nahm die Musik des Konzertes auf.

104 *Haben* ou *sein*? Choisissez la bonne case. ☆☆

	HABEN	SEIN
1. schreiben		
2. haben		
3. laufen		
4. fliegen		
5. anrufen		
6. kommen		
7. legen		
8. singen		
9. schwimmen		
10. regnen		
11. lesen		
12. sein		
13. folgen		
14. probieren		
15. wohnen		

105 Trouvez le bon participe II et complétez les phrases. ☆☆

gefahren *gewesen* *eingeladen* *gekocht* *applaudiert*
abgemacht *gebracht* *geschrieen* *abgeholt* *ausgeschaltet*
geschnitten *erschreckt* *verbunden* *aufgefressen* *getrieben*

1. Warum hast du das Radio ...... ?
2. Warum bist du nicht mit dem Bus ...... ?
3. Wie war es in Spanien ...... ?
4. Wer hat dir die Haare ...... ?
5. Wer hat dich nach Hause ...... ?
6. Sie hat mich falsch ....
7. Das Kind hat zu viel ....
8. Wer hat dich von der Schule ...... ?
9. Tante Gerta hat das Essen ....
10. Ich habe die Pizza ....
11. Du hast mich jetzt aber ....
12. Wen hast du alles zur Feier ...... ?
13. Der Hund hat das ganze Futter ....
14. Die Zuschauer haben dem Sänger ....
15. Jens hat immer viel Sport ....

106 Traduisez. ☆☆☆

1. Je n'ai rien fait.
2. Karin va chercher son walkman.
3. Thomas lui a emprunté son stylo.

4. Nous ne pouvons pas venir la semaine prochaine.
5. Il va bientôt pleuvoir.
6. Klaus faisait beaucoup de sport.
7. As-tu fait tes valises ?
8. Les employés ont beaucoup travaillé.
9. Il lui faisait une déclaration d'amour.
10. Le docteur va te mettre un pansement.

107 Traduisez. ✿✿✿

1. Il est arrivé à 17 h 30 à la gare.
2. Malheureusement je ne pouvais pas aller le chercher.
3. Son travail va commencer à 8 h 30.
4. Es-tu venu directement à la maison ?
5. As-tu déjà fait la vaisselle ?
6. Tu m'avais promis de venir plus tôt.
7. Mon père avait oublié son passeport.
8. Quand va-t-il me rendre visite ?
9. Ça sentait très mauvais.
10. Lina prenait une douche lorsque le téléphone sonna.

108 La concordance des temps. Complétez les phrases, comme dans l'exemple. ✿✿✿

Exemple : *Ich ...... (sein) gestern sehr müde, weil ich die Nacht zu wenig ...... (schlafen).*

*Ich **war** gestern sehr müde, weil ich die Nacht zu wenig **geschlafen habe**.*

1. Monika ...... (wollen) nicht mit mir ins Kino gehen, weil sie den Film schon ...... (sehen).
2. Lena ...... (wollen) gestern nichts essen, weil sie keinen ...... (Hunger haben).
3. Er ...... (laufen) so schnell er konnte, aber den Bus ...... er trotzdem ...... (verpassen).
4. Sie ...... (gehen) noch heute zum Arzt, weil sie sich letzte Nacht nicht ...... (wohlfühlen).
5. Als Mutti morgens ...... (aufstehen), ... wir das ganze Geschirr schon ...... (spülen).
6. Als wir in Berlin mit dem Flugzeug ...... (ankommen), ... das Flugpersonal das ganze Geschirr bereits ...... (verstauen).
7. Als ich endlich zu Hause ...... (sein), ...alle schon ins Bett ...... (gehen)
8. Die Hochzeit ...... (sein) ein großer Erfolg. Die Organisatoren ...... auch alles gut ...... (vorbereiten).

❸/❹ LE SUBJONCTIF (pp. 50-56)

109 Mettez les verbes au subjonctif I présent. ☆

1. ich mache
2. er schläft
3. sie spielt
4. wir arbeiten
5. du bist
6. sie kauft ein
7. du gefällst
8. er hat
9. er sagt
10. sie telefonieren
11. wir fahren weg
12. er kommt an
13. du liegst
14. er nimmt mit
15. sie gibt

110 Mettez les verbes au subjonctif II présent. ☆

1. kommen: er ......
2. haben: ich ......
3. sollen: wir ......
4. schreiben: du ......
5. brauchen: ich ......
6. gehen: ich ......
7. wissen: sie ......
8. ausgeben: ihr ......
9. sein: du ......
10. bleiben: er ......

111 Mettez le texte au discours indirect. ☆☆

Als Reiner wieder nach Hause kommt erzählt er, dass ...

Der Bus ist sehr lange gefahren. Unsere Gastfamilie hat uns schon erwartet. Ihr Haus war ein alter Bauernhof, den sie umgebaut haben. Es gab kein Wasser, keinen Strom und keine Tür. Heute ist alles sehr schön. Es gibt viele Tiere auf dem Bauernhof.

112 Mettez les phrases au discours indirect. ☆☆

Commencer par : Stefan sagt, ...

1. Mein Vater wundert sich über den starken Verkehr auf der Strasse.
2. Alle Strassen sind verstopft, weil es eine Demonstration gibt.
3. Wegen des Gegenverkehrs kann er nicht überholen.
3. Er muss sehr vorsichtig fahren.
4. Dadurch verliert er sehr viel Zeit, und kommt zu spät ins Büro.

113 Mettez les phrases au discours indirect. ☆☆

Commencer par : Leonore sagt, ...

1. Leonore besorgt sich einen Reisepass auf dem Amt.
2. Mit dem Pass kann sie dann immer in jedes Land in Urlaub fahren.
3. Zuerst will sie nach Paris fahren und im Ritz übernachten.
4. An der Grenze braucht sie nicht mehr zu halten.
5. Die Europäische Gemeinschaft hat das Reisen sehr einfach gemacht.

114 Avec *ob* et sans *ob*... Complétez les propositions qui commencent par *als ob* ou *ob*, comme dans l'exemple. ✩✩

	AVEC *OB*	SANS *OB*
Sie kann nicht kochen.	... , als ob *sie nicht kochen könne.*	... , als *könne sie nicht kochen.*
1. Er ist fleißig.	... , als ob...	... , als...
2. Sie hat Geld.	... , als ob...	... , als...
3. Er ist reich.	... , als ob...	... , als...
4. Sie ist intelligent.	... , als ob...	... , als...

115 Mettez les phrases au passé du subjonctif II. ✩✩

1. Wenn wir informiert wären, könnten wir die Anordnung geben.
2. Wenn du Lust hättest, würden wir im Restaurant essen.
3. Wenn die Kinder da wären, könnten wir zu Abend essen.
4. Wenn Paul Durst hätte, würde er nach Wasser fragen.
5. Wenn ich jünger wäre, würde ich mit euch in die Disco gehen.

116 Mettez les phrases au discours indirect. ✩✩✩

1. Marina schreibt an ihre Eltern: « Mein Auto ist jetzt wieder repariert. »
2. Kai fragte seinen Onkel: « Weißt du, wo Stefan wohnt? »
3. Claudia behauptete: « Ich bin müde und muss jetzt ins Bett gehen. »
4. Marcel sagte: « Mir gefällt es in Hannover nicht mehr. »
5. Kai sagte: « Ich langweile mich in diesem Theater. »
6. Herr Klein wollte wissen: « Wie lange dauert die Konferenz? »
7. Familie Schmidt kündigte an: « Wir wollen unser Haus verkaufen. »
8. Ich fragte den Monteur: « Können sie meinen Fernseher reparieren? »
9. Lena fragte die Mutter: « Wann sind wir endlich wieder zu Hause? »
10. Er versicherte uns: « Er hat das Geld gut angelegt. »

117 Traduisez. ✩✩✩

1. Tu m'as dit que tu ne voulais pas acheter cette nouvelle télévision.
2. Sonja m'a dit que Steffen avait réparé son ordinateur.
3. Après le stage il nous a dit qu'il avait beaucoup appris.
4. Thomas dit que nous habiterons bientôt à Paris.
5. Il nous a dit qu'il vendrait son vélo.

118 Traduisez. ✩✩✩

1. Moi, à ta place, je travaillerais.
2. J'ai failli tomber de l'échelle.
3. Pourriez-vous me changer l'argent?
4. Tu aurais dû partir plus tôt.
5. Je préférerais partir à Berlin.

5 L'IMPÉRATIF (p. 56)

119 Mettez les verbes à l'impératif. ✩

	TUTOIEMENT D'UNE PERSONNE	TUTOIEMENT DE PLUSIEURS PERSONNES	VOUVOIEMENT D'UNE PERSONNE
1. kommen			
2. gehen			
3. laufen			
4. waschen			
5. helfen			
6. nehmen			
7. geben			
8. hören			
9. trinken			
10. lesen			
11. essen			
12. mitnehmen			
13. telefonieren			
14. kämmen			
15. sein			

120 Faites des phrases à l'impératif (tutoiement d'une personne). ✩

1. das Foto zeigen
2. nichts falsch machen
3. nicht so viel essen
4. den Satz wiederholen
5. sich setzen
6. das Fenster schließen
7. sich um Oma kümmern
8. einen Augenblick warten
9. das Zimmer sauber machen
10. sich vor dem Kino treffen
11. sich bedienen
12. laut singen
13. schnell gehen
14. es versuchen
15. sich nicht irren

121 Complétez les phrases à l'impératif avec le verbe qui convient. ☆☆

mitkommen	*kommen*	*abholen*	*vergessen*	*sein*
mitnehmen	*geben*	*sprechen*	*abtrocknen*	*einschlafen*

1. ...... doch endlich das Glas ....
2. ...... mich doch auch einmal besuchen.
3. ...... unser Kind bitte von der Geburtstagsfeier ....
4. ...... deinen Badeanzug nicht.
5. ...... auch ein Badehandtuch ....
6. ...... etwas leiser, ihr lauten Kinder.
7. ...... mir bitte den Schraubenzieher aus der Tasche.
8. ...... doch nicht immer bei den Nachrichten ....
9. Es ist zu laut hier. Bitte ...... lauter, Luise.
10. .... Jens. Wir fahren in die Stadt.

122 Traduisez. ☆☆☆

1. Fermez vos cahiers !
2. Écrivez enfin !
3. Ouvrez vos livres !
4. Venez !
5. Courez !
6. Achète aussi des œufs !
7. Va chercher la bière dans la cave !
8. Aide-moi !
9. Prends une douche !
10. Donne-moi ce jouet !

6 LE PASSIF (p. 57)

123 Mettez les phrases au passif : d'abord au présent, puis au prétérit et au parfait, comme dans l'exemple. ☆

Exemple : *Er schreibt einen Brief.*

Ein Brief wird von ihm geschrieben. Ein Brief wurde von ihm geschrieben. Ein Brief ist von ihm geschrieben worden.

1. Kai wiederholt den Satz.
2. Wir singen ein schönes Lied.
3. Meine Mutter begleitet mich zum Arzt.
4. Die Schüler räumen die Klasse auf.
5. Silke deckt den Tisch.
6. Sie verkauft die Milch.
7. Die Kuh frisst das ganze Gras.
8. Werner hebt das Buch auf.
9. Mutti bietet Oma eine Tasse Tee an.

124 **Mettez les phrases au passif : d'abord au présent, puis au prétérit et au parfait.** ✩

1. Man liefert den Computer ins Haus.
2. Dadurch spart man viel Zeit.
3. Der Buchhändler verkauft auch Stifte.
4. Vati überholt den Traktor.
5. Man vergleicht die Preise.
6. Man empfiehlt große Vorsicht.
7. Man pflegt den Kranken im Krankenhaus.
8. Der Arzt operiert den Kranken.
9. Katrin bügelt den Rock.
10. Die Verkäuferin packt das Geschenk ein.

125 **Faites des phrases au passif présent, puis au prétérit et au parfait.** ✩

1. die Tür aufmachen
2. das Haus neu streichen
3. die Hose waschen
4. die Koffer packen
5. die Blumen kaufen
6. das Lied aufnehmen
7. den Brief verbrennen
8. das alte Haus abreißen
9. das Hotel empfehlen
10. den Roman verfilmen

126 **Mettez les phrases au passif en respectant le temps du verbe.** ✩✩

1. Heike grüßt den Nachbarn.
2. Der Mercedes hat uns überholt.
3. Der Bauer erntete das Korn.
4. Kai hat sein Zimmer aufgeräumt.
5. Der Gärtner gießt die Blumen.
6. Der Monteur hat mein Auto repariert.
7. Klara hatte das Problem gelöst.
8. Mutti holt uns von der Schule ab.
9. Vati hat jeden Tag einen Roman gelesen.
10. Das Parlament erwartete den Bundeskanzler.

127 **Mettez les phrases à l'actif en respectant le temps du verbe.** ✩✩

1. Wir wurden von einem Taxifahrer ins Hotel gebracht.
2. Ein Spielplatz wird hier von der Gemeinde eingerichtet.
3. Zuerst sind die Formulare von uns ausgefüllt worden.
4. Die Blumen wurden von Rotkäppchen gepflückt.
5. Wir werden eine Woche warten müssen.

6. Dann werden wir das Ergebnis gesagt bekommen.
7. Dafür wurde unsere Adresse von der Sekretärin verlangt.
8. Die Adresse ist von ihr auf einen Briefumschlag geschrieben worden.

128 Utilisez les éléments proposés pour faire des phrases au passif, comme dans l'exemple. ✩✩

Exemple : *nicht – reden – dürfen – in der Schule* (présent)
In der Schule darf nicht geredet werden.

1. Die Nachricht – in der Zeitung – bekannt geben *(parfait)*
2. mit der Bürste – putzen – die schmutzigen Schuhe – müssen *(présent)*
3. das Auto – morgen – reparieren – Manfred *(futur)*
4. Gestern – die Schüler – die Bücher – ausleihen – in der Bibliothek *(parfait)*
5. Vati – legen – die Autoschlüssel – auf den Tisch *(parfait)*
6. nächsten Monat – die Schauspieler – Marie Stuart- aufführen *(futur)*
7. Letztes Jahr – meine kleine Schwester – taufen werden *(parfait)*
8. Die Aufgaben – der Mathelehrer – erklären *(prétérit)*
9. Die Grosseltern – Joseph – vom Bahnhof – abholen – am 1. Mai *(futur)*

129 Choisissez la bonne réponse (a, b, c ou d) pour compléter chaque phrase. ✩✩✩

1. Der *Wanderer über dem Nebel* ...... von Caspar David Friedrich gemalt.
a. ist **b.** wurde **c.** war **d.** werden
1. Die Gravur *Ritter, Tod und Teufel* ist von Albrecht Dürer hergestellt ....
a. war **b.** wurde **c.** worden **d.** werden
1. Diese Swatch-Uhren ...... in der Schweiz hergestellt worden.
a. sein **b.** ist **c.** war **d.** sind
1. Wolfgang Amadeus Mozart ...... 1756 in Salzburg geboren.
a. wurde **b.** ist **c.** waren **d.** hat
1. Ludwig van Beethoven ...... als Genie der Romantik bezeichnet.
a. wird **b.** war **c.** ist **d.** werde
1. 1742 ist *Der Messias* von Georg Friedrich Händel komponiert ....
a. ist **b.** worden **c.** hat **d.** gewesen
1. Goethe und Schiller sind in Weimar sehr gute Freunde ....
a. werden **b.** worden **c.** wird **d.** geworden.
1. *Die Räuber* ...... von Friedrich Schiller geschrieben worden.
a. ist **b.** war **c.** sind **d.** werden
1. Elisabeth von Wittelsbach ...... auch Sissi genannt.
a. wurde **b.** war **c.** werden **d.** hat
1. Der Reichstag ist am 27.02.33 in Brand gesteckt ....
a. werden **b.** worden **c.** war **d.** ist

7 LA PROPOSITION INFINITIVE (p. 60)

130 Avec ou sans *zu* ? Complétez les phrases avec *zu,* si nécessaire. ☆

1. Sie glaubt es …… wissen.
2. Es scheint …… regnen.
3. Kai will nicht mehr …… rauchen.
4. Marion will nach Paris …… fahren.
5. Diese Witwe scheint sehr reich …… sein.
6. Mein kleiner Bruder lernt gerade …… schwimmen.
7. Diese Aufgabe ist nicht …… lösen.
8. Thorsten blieb lange in seinem Bett …… liegen.
9. Ich bevorzuge es, sie heute nicht …… sehen.
10. Sie freut sich noch heute weg …… fahren.

131 Transformez les phrases en utilisant *um … zu, ohne … zu* ou *anstatt … zu.* ☆☆

1. Ich gehe ins Kino, ich gehe nicht ins Schwimmbad.
2. Ich spreche ruhig mit ihm, ich rege mich nicht auf.
3. Ich gehe zum Bäcker, ich kaufe dort die Brötchen.
4. Ich bin ins Schwimmbad gegangen, ich habe meine Badehose vergessen.
5. Clara lernt Französisch, sie will in Paris arbeiten.
6. Sie denkt immer nur an sich, sie hilft nicht den anderen.
7. Lina will mitkommen, sie will sich ein Eis kaufen.
8. Der Busfahrer fuhr an uns vorbei, er sieht uns nicht.
9. Wir sind in der Bibliothek, wir arbeiten aber nicht.
10. Er geht zu Fuß, er will nicht den Bus nehmen.

132 Utilisez les éléments proposés pour faire des phrases au présent. ☆☆

1. Stefan – Lust haben – ins Kino – gehen
2. zu Hause – er – gerne – bleibt
3. die laute Musik – hören – wir
4. Zeit haben – die Grosseltern – nächsten Monat – besuchen - wir
5. Marta – pünktlich – sein – sich vornehmen

133 Transformez les phrases en utilisant un double infinitif, comme dans l'exemple. ☆☆

Exemple : *Meine Tochter muss den Tisch decken.*
*Meine Tochter hat den Tisch **decken müssen**.*

1. Lina will unbedingt mitkommen.
2. Diese Pilze sind giftig. Man kann sie nicht essen.
3. Über diesen Film musste man einfach reden.
4. Clemens musste sein Referat heute vor der Klasse halten.

5. Diesen Computer kann man nicht benutzen.
6. Den Japaner konnte man nicht verstehen.
7. Der Motor will nicht anspringen.
8. Roland musste die Führerscheinprüfung noch einmal machen.
9. Er konnte sich die Verkehrsregeln nicht merken.

134 **Traduisez.** ✩✩✩

1. Il a besoin d'un cartable pour transporter ses livres.
2. Il parle le japonais sans l'avoir appris à l'école.
3. Rentre dans la maison au lieu de rester sous la pluie.
4. Il est rentré plus tôt pour nous rendre visite.
5. Je n'ai pas envie de jouer aux cartes.
6. Tu as oublié d'acheter du beurre.
7. Je vais en ville pour aller chercher de l'argent.

8 LES VERBES DE MOUVEMENT ≠ LES VERBES DE POSITION (p. 62)

135 **Complétez les phrases en utilisant *legen, setzen, hängen* ou *stellen*.** ✩

1. Ich ...... mich etwas auf die Couch.
2. Können wir uns auf den Boden ...... ?
3. Musst du unbedingt dieses Poster an die Wand ...... ?
4. Sabine ...... die Vase auf den Tisch.
5. Wir ...... die Gardinen gleich wieder ans Fenster.
6. Ich ...... das Buch wieder ins Regal.
7. ...... bitte den Kopfhörer auf.

136 **Complétez les phrases en utilisant *liegen, sitzen, hängen* ou *stehen*.** ✩

1. Die Katze ...... wie immer auf dem Bett.
2. Ich ...... hier auf meinem Lieblingsstuhl.
3. Endlich ...... die Lampe über dem Tisch.
4. Lena ...... schon den ganzen Abend vor dem Fernseher.
5. Die neuen Gläser ...... links oben im Wohnzimmerschrank.
6. Auf seinem Schreibtisch ...... alles drunter und drüber.
7. Wir ...... alle am Tisch und essen Schokoladenkuchen.

137 **Complétez chaque phrase en utilisant le verbe et la désinence qui conviennent.** ✩✩

1. Die Schüler sollen die Bücher auf ihr... Tisch ....
2. I... Kühlschrank ...... noch viele Joghurts.

3. Meinen CD-Player habe ich auf die Kommode ....
4. Maria ...... sich immer auf d... Stuhl neben d... Tür.
5. Wir ...... hier schon 15 Minuten an d... Haltestelle.
6. Wir haben alle Bilder an d... Wand ....
7. Warum ...... der Mantel nicht an d... Garderobe?
8. Willst du dich nicht zu mir auf d... Sofa ...... ?
9. Ich habe die Milch in d... Kühlschrank ....
10. Hast du meine Socken in d... Schublade ...... ?

La phrase

❶ LA PHRASE DÉCLARATIVE (p. 81)

138 Mettez les éléments dans l'ordre pour faire des phrases au présent. (Attention : le verbe est à l'infinitif.) ☆

1. Tennis – die Kinder – spielen
2. Sandra – Deutsch – lernen
3. Thomas und Dirk – dem Computer – spielen mit
4. Werner – ich - heißen
5. Gleich – ich – kommen
6. ins Kino – ihr – gehen
7. nach Rom – fliegen – er
8. in Paris – der Eiffelturm - stehen

139 Mettez les éléments dans l'ordre pour faire des phrases au présent. (Attention : le verbe est à l'infinitif.) ☆

1. unseren Lehrer – heute – wir – besuchen
2. Thomas – in der Hauptstadt – wohnen – Berlin
3. Gaby – in den Computer – schieben – die Diskette
4. Im Drucker – ein Blatt Papier – sein
5. ein großes Büro – der Direktor – haben
6. klingeln – das Telefon
7. Frau Hermann – ein Mineralwasser – bestellen
8. eine Versammlung – haben – die Sachbearbeiter

140 Reformulez les phrases en commençant par l'élément souligné. ☆☆

1. Deutschland ist <u>1945</u> in 4 Zonen geteilt worden.
2. Viele Ostberliner zerstörten die Mauer <u>am Abend des 9. November 1989</u>.
3. Die Wiedervereinigung war <u>am 3. Oktober 1990</u>.

4. Nach der Wiedervereinigung zog der Bundestag nach Berlin um.
5. Er tagt jetzt im Reichstag.
6. Man kann den Reichstag während der Woche besichtigen.

141 Reformulez les phrases en commençant par l'élément souligné. ✿✿

1. Wir haben uns leider seit einem Monat nicht gesehen.
2. Das Buch ist leider immer noch nicht da.
3. Letzten Monat hat es mindestens eine Woche geregnet.
4. Ich habe zum Geburtstag einen Walkman bekommen.
5. Die Geschäfte schließen in Deutschland um 18.00 Uhr.

142 Mettez les éléments dans l'ordre pour faire des phrases au présent. (Attention : le verbe est à l'infinitif.) ✿✿✿

1. heute – um acht Uhr – in die Stadt – fahren – wir
2. eine neue Wohnung – morgen – wir – besichtigen
3. den ganzen Tag – Zeitung – er – hat – lesen
4. er – fahren – nächste Woche – in Urlaub
5. letzten Mittwoch – Katja – im Krankenhaus – operieren – werden
6. Der Urlaub – haben – uns – in Italien – gefallen
7. möchten – unsere Kinder – in die USA – dieses Jahr – fliegen
8. noch eine Woche – in die Schule – müssen – wir - gehen

❷ LA PHRASE INTERROGATIVE (p. 81)

143 Transformez ces phrases en questions, sans utiliser de pronom interrogatif, comme dans l'exemple. ✿

Exemple : *Wir spielen am Dienstag mit dem Computer.*
Spielen wir am Dienstag mit dem Computer?

1. Er will mit dem Chef sprechen.
2. Diese Fernsehsendung ist sehr interessant.
3. Mozart spielte Klavier.
4. Der Aufzug ist kaputt.
5. Wilhelm II war ein deutscher Kaiser.
6. Luther studierte Philosophie und Theologie.
7. Goethe war ein deutscher Dichter.

144 **Complétez chaque question avec un pronom interrogatif, comme dans l'exemple.** ✩✩

A: ...... *ist am Telefon?* B: *Ich spreche gerade mit Frau Scheider.*
Wer ist am Telefon?

1. A: ...... kommst du?
   B: Ich komme so gegen acht Uhr.
2. A: ...... bleibst du?
   B: Entschuldige die Verspätung. Ich war noch beim Bäcker.
3. A: ...... isst du in der Kantine.?
   B: Ich esse heute um zwölf Uhr in der Kantine.
4. A: ...... ist der Chef in der Konferenz?
   B: Der Chef ist in München in einer Konferenz.
5. A: ...... soll der Bleistift liegen?
   B: Der Bleistift liegt auf meinem Schreibtisch.
6. A: ...... reisen wir in den Sommerferien?
   B: Wir fahren in den Sommerferien nach Wien.
7. A: ...... kommt die Familie Dupont?
   B: Familie Dupont kommt aus Chablis.
8. A: ...... soll ich den Brief nicht schreiben?
   B: Weil Herr Klein unbedingt eine Antwort braucht.

❸ LA PHRASE EXCLAMATIVE (p. 82)

145 **Faites des phrases exclamatives en utilisant les éléments fournis.** ✩

1. Wie – groß – er – ist
2. ich – mich – habe – gefreut – wie
3. so – spät – schon
4. ein Lied – für – was – schönes
5. ein Haus – was – für

❹ LA PHRASE IMPÉRATIVE (p. 82)

146 **Reformulez les phrases pour en faire des phrases à l'impératif.** ✩

1. Kannst du bitte die Tür zumachen?
2. Du musst langsamer fahren.
3. Steigen Sie bitte in den Zug ein.
4. Kommen Sie bitte herein.
5. Ich kann dich nicht mehr sehen. Gehst du bitte hinaus.

147 **Trouvez la signification (a-h) de chaque panneau (1-8).** ✩✩

a. Rauchen verboten **b.** Vorfahrtsstrasse **c.** Einfahrt verboten **d.** überholen verboten **e.** Vorsicht Gift **f.** Autobahn **g.** über 30 verboten **h.** Zebrastreifen

1

2

3

4

5

6

7

8

5 LA PHRASE NÉGATIVE (p. 83)

148 **Répondez aux questions en utilisant la négation qui convient, comme dans l'exemple.** ✩

Exemple : *Ist das ein Kugelschreiber?*
Nein, das ist kein Kugelschreiber.

1. Kannst du morgen kommen?
2. Isst du Fisch?
3. Darf er mit dem Auto fahren?
4. Liest er ein Buch?
5. Brauchen Sie einen Stadtplan?
6. Gehst du gerne ins Museum?
7. Hat sie sich eine neue Brille gekauft?

149 **Mettez les phrases au négatif en utilisant la négation qui convient.** ✩

1. Wir haben Zeit.
2. Wir kommen morgen zu euch.
3. Ich habe die Zeitung.
4. Ihr könnt mit uns fahren.

5. Marcel lernt Deutsch.
6. Der neue Computer wird morgen geliefert.
7. Die Klasse 5a macht nächstes Jahr eine Klassenfahrt.
8. Während des Gewitters hatte sie Angst.

150 Mettez les phrases au négatif en utilisant la négation qui convient. ☆

1. Die Belegschaft macht einen Ausflug.
2. Frankfurt ist eine kleine Stadt.
3. Paris liegt an der Loire.
4. Stefan hat das Fleisch gegessen.
5. Er arbeitet bei Renault.
6. Mama macht heute ihre Einkäufe.
7. Im Winter sind die Tage länger.
8. Wir sind uns in der Einkaufsstrasse begegnet.
9. Dieses Restaurant hat viele japanische Gäste.

151 Mettez les phrases au négatif en utilisant la négation qui convient. ☆☆

1. Er ist immer pünktlich.
2. Das ist sehr billig.
3. Sie konnte sich an mich erinnern.
4. Wir fahren mit dem Zug nach München.
5. Ich kenne ihn.
6. Ich weiß es.
7. Mein Bruder arbeitet in Berlin.
8. Der Sonderzug kam pünktlich an.

152 Mettez les phrases au négatif en utilisant la négation qui convient. ☆☆

1. Ich mag langweilige Menschen.
2. Hast du Durst.
3. Ich habe das gewusst.
4. Hast du einen Kugelschreiber dabei?
5. Ich kenne einen guten Computerfachmann.
6. Ich verstehe viel Deutsch.
7. Er trinkt gern deutsches Bier.
8. Wir sind in einen Stau gekommen.

153 Mettez les phrases au négatif en utilisant la négation qui convient. ☆☆

1. Lena kann pünktlich sein.
2. Wir wollen in die Schweiz fahren.
3. Die Sekretärin mag den Chef.

4. Monika soll mir ein Buch bringen.
5. Ich möchte nach Japan fliegen.
6. Sein Verhalten war typisch für ihn.
7. Stefan wollte lange schlafen.
8. Pierre möchte Äpfel kaufen.
9. Diese Elektrofirma möchte sich vergrößern.

154 **Traduisez.** ✿✿✿

1. Notre père ne vient pas ce soir.
2. Nous ne sommes pas allés à la Tour Eiffel.
3. Ce verre n'est pas rempli de jus d'orange.
4. Je ne veux pas de bière.
5. Nous ne devons pas partir pour Francfort.
6. Katrin ne veut pas habiter à Cologne.
7. Il n'est pas encore trop tard.
8. Ils ne peuvent pas venir demain.

155 **Traduisez.** ✿✿✿

1. N'as-tu pas accompagné tes parents à l'aéroport ?
2. Il dit qu'il n'est pas allé à la conférence.
3. Ils ne peuvent pas acheter cette maison parce qu'elle est trop chère.
4. Il n'a pas bien préparé l'examen.
5. Elle n'est pas malade mais elle reste à la maison.
6. La VW n'a pas pu doubler la Mercedes.
7. La secrétaire n'a pas traduit le texte parce qu'elle ne parle pas l'espagnol.
8. L'apprenti n'a pas poursuivi sa formation.

6 LA PROPOSITION COORDONNÉE (p. 84)

156 **Reliez les phrases en utilisant *aber, und* ou *entweder ... oder.*** ✿

1. Stefan ist noch nicht da. Stefan wird gleich kommen.
2. Mutti hat Äpfel gekauft. Mutti hat auch Milch mitgebracht.
3. Markus hat ein Geschenk bekommen. Er wird es aufmachen.
4. Er behält seinen alten Computer. Er kauft sich einen neuen Computer.
5. Kommt er? Kommt er nicht?
6. Heike zieht ihren Mantel aus. Sie gibt ihn Frau Schneider.
7. Wollen wir Schach spielen? Wollen wir ins Schwimmbad gehen?
8. Ich fahre am Wochenende nach Paris. Ich schaue mir den Eiffelturm an.

157 Reliez les phrases en utilisant *aber, sondern, entweder ... oder, weder ... noch* ou *sonst*. ✩✩

1. Dieser Fernseher hat viele Vorteile. Er hat auch Nachteile.
2. Die Eltern waren verreist. Ihre Kinder waren bei den Großeltern.
3. Ich fahre nach Rom. Diesmal gehe ich nicht in die Terme.
4. Ich bleibe nicht hier. Ich fahre lieber mit euch nach Spanien.
5. Wir fliegen nach Italien. Wir fliegen in die USA.
6. Ich nehme nicht das Auto. Ich nehme nicht den Bus.
7. Du musst dich warm anziehen. Du frierst.
8. Michael ist krank. Er hat verschlafen.
9. Ich mag keine Nudeln. Ich mach auch keinen Reis.

158 Traduisez. ✩✩✩

1. Il boit du thé et il mange une part du gâteau.
2. Soit je pars à 17 heures soit je reste pour dîner.
3. Je ne m'intéresse ni aux musées ni aux églises.
4. Je pars à Berlin mais je ne visiterai pas le Reichstag.
5. Pierre ne te rendra pas visite mais il t'enverra une carte.
6. Nous prenons notre petit déjeuner, puis nous allons au magasin.

7 LA PROPOSITION SUBORDONNÉE (p. 85)

159 Mettez les mots dans l'ordre pour en faire une phrase en utilisant *dass*. (Attention aux verbes à l'infinitif.) ✩

1. er – ankommen – sein – ich glaube
2. ich hoffe – die Bestellung – haben – machen – der Verkäufer
3. die Ware – ich bin mir sicher – liefern – wir – werden
4. haben – eine gute Fahrt – sie – ich hoffe
5. die Kinder – nicht zu spät – ich hoffe – gehen – dürfen – ins Bett
6. Brigitte sagt – wollen – ins Kino – gehen
7. keinen Führerschein – Thomas sagt – ich – haben
8. ich weiß – die kleinen Kinder – kein Bier – trinken - dürfen

160 Transformer les phrases en utilisant *dass*, comme dans l'exemple. ✩

Exemple: *Agnes und Stefan mögen gern Spaghetti, sagt die Mutter.*
Die Mutter sagt, dass Agnes und Stefan gern Spaghetti mögen.

1. Katrin ist sehr aufgeregt, sagt ihre Tante.
2. Kai versteht das nicht, sagt der Lehrer.
3. Laure wartet schon seit einer Stunde am Bahnhof, antwortet Oma.
4. Der Kühlschrank ist leer, sagen die Kinder.
5. Die Kinder sind ins Schwimmbad gegangen, sagt Karin.

6. Leo hat den ganzen Joghurt gegessen, beklagt sich Stefanie.
7. Wir sind nach Madrid gefahren, antwortet Luise.
8. Karl hat sich einen neuen Drucker gekauft, sagt sein Vater.
9. Dieter wird sicher die Prüfung bestehen, sagt der Lehrer.
10. Joachim wird mir den Film aufnehmen, versichert Tante Klara.
11. Richard wird heute anrufen, hofft die Oma.
12. Die Löhne werden erhöht werden, versichert die Direktion.
13. Wir werden arbeitslos sein, beklagen sich die Arbeiter.

161 Complétez les phrases en utilisant *dass* ou *ob*. ☆☆

1. Sie weiß doch, ... er immer zu spät kommt.
2. Ich kann dir noch nicht sagen, ... ich mit in Urlaub fahre.
3. Monika möchte wissen, ... der Fernseher endlich repariert ist.
4. Wissen Sie, ... ich den Direktor sprechen kann?
5. Kannst du uns sagen, ... dir das japanische Gericht geschmeckt hat.
6. Sagen Sie Frau Klarsen, ... sie unbedingt sprechen muss.
7. Er weiß noch nicht, ... er an der Versammlung teilnimmt.
8. Der Austauschschüler möchte wissen, ... er Deutsch sprechen muss.
9. Wir haben uns gefragt, ... sie nicht unsere Wohnung mieten wollen.
10. Wir sind alle sehr froh, ... du wieder gesund bist.
11. Endlich wissen wir, ... er Maria heiraten wird.
12. Wir freuen uns sehr, ... dir unser Geburtstagsgeschenk gefällt.
13. Der Monteur sagte, ... die Waschmaschine nicht mehr repariert werden kann.
14. Der Gast fragt den Empfangsmitarbeiter, ... er ihn um 6.00 Uhr wecken kann.
15. Ihr wundert euch wohl, ... ich doch noch gekommen bin.
16. Überleg es dir gut, ... du ihn einlädst.

162 Complétez le phrases en utilisant *als* ou *wenn*. ☆☆

1. ...... es Mutti erlaubt, ruft Greta Michael an.
2. ...... ich am Bahnhof ankam, warteten meine Eltern auf mich.
3. ...... der Sommer zu heiß ist, schadet er den Wasserpflanzen.
4. ...... der Wind aus dem Norden kommt, wird es kälter.
5. ...... er an die Kreuzung kam, sprang die Ampel auf rot.

163 Reliez les phrases en utilisant *wenn* ou *als*. ☆☆

1. Er saß noch am Computer. Ich ging ins Bett.
2. Ich gehe in den Keller. Ich mache das Licht an.
3. Claire wartete auf den Bus. Ihre Mutter kam mit dem Auto.
4. Kai freut sich. Weihnachten bekommt er immer viele Geschenke.
5. Maxime wollte in die Metro einsteigen. Die Tür ging zu.
6. Marianne druckte einen Brief aus. Der Strom fiel aus.

7. Die Polizei ist immer da. Es versammeln sich viele Leute.
8. Du kommst heute. Wir gehen zum Chinesen.
9. Frau Schneider war in Paris. Es regnete die ganze Woche.
10. Es ist windig und es regnet. Mach das Fenster zu!
11. Laurent wachte auf. Er hatte einen Albtraum.
12. Er rief seine Mutter. Er wachte nachts auf.
13. Rolf kommt nach Hause. Mutti kocht immer sein Lieblingsgericht.
14. Ich war jung. Es gab kein Telefon.

164 Complétez les phrases en utilisant *bevor* ou *nachdem*. ☆☆

1. Kai klebt eine Briefmarke auf den Brief, ... er ihn einwirft.
2. Er trocknet sich ab, ... er geduscht hat.
3. Sie riefen uns gleich an, ... sie in Paris angekommen waren.
4. Er kaufte sich ein Programm, ... er ins Kino ging.
5. Sie fuhren weg, ... sie das Haus abgeschlossen hatten.
6. ...... wir ihn gratulierten, fing die Geburtstagsfeier an.
7. Sie putzt sich die Zähne, ... sie ins Bett geht.
8. ...... er die Tabletten genommen hatte, ging es ihm besser.
9. Man darf nicht aussteigen, ... der Zug hält.
10. ...... sie angekommen waren, hatten sie Hunger und Durst.
11. ...... du wegfährst, musst du noch tanken.
12. Ralf muss zu Hause sein, ... es dunkel ist.
13. Er las den Brief ganz genau, ... er seiner Sekretärin einen Brief diktierte.
14. Katrin telefonierte mit Kai, ... sie die Lösung gefunden hatte.
15. Ich hörte mir die CD im Geschäft an, ... ich sie kaufte.

165 Complétez les phrases en utilisant *bevor, bis, nachdem, obwohl* ou *während*. ☆☆

1. ...... Mutti ihre Einkäufe macht, vergleicht sie die Preise.
2. ...... die Strasse breit ist, kann Vati den LKW nicht überholen.
3. ...... sie im Zentrum sind, müssen sie noch 10 Minuten fahren.
4. ...... ich eine Zeitung kaufe, parkt Lena unser Auto.
5. ...... wir die Waren bezahlt haben, legen wir sie ins Auto.

166 Reliez les phrases en utilisant *bevor* ou *nachdem*. ☆☆

1. Er verkaufte sein Auto. Herr Schneider zog in die Schweiz.
2. Wir haben sehr gut im Restaurant gegessen. Vati bezahlt die Rechnung.
3. Ulf macht seine Hausaufgaben. Er geht ins Kino.
4. Er suchte eine Adresse im Internet. Jetzt kann er den Brief schreiben.
5. Familie Lambrich fährt in Urlaub. Sie schließt die Haustür ab.
6. Wir sind endlich da. Jetzt können wir uns ein Hotel suchen.
7. Du musst dir die Hände waschen. Wir fangen mit dem Abendbrot an.

8. Der Sportler springt sehr hoch über die Latte. Er fällt auf die Matte zurück.
9. Ich stricke dir einen Pulli. Du kannst dir ein Muster aussuchen.
10. Wir wählen Mannschaften. Wir spielen Volleyball.
11. Lisa stellt die Waschmaschine an. Sie steckt den Stecker in die Steckdose.
12. Die Wäsche ist trocken. Lisa fängt an zu bügeln.
13. Man muss den Hörer abnehmen. Man will telefonieren.
14. Paul hat viel Geld sparen müssen. Er kauft sich eine Honda.

167 Complétez les phrases en utilisant *seit, bis, solange, während* ou *sobald*. ✩✩

1. Micha bleibt zu Hause, ... du zurückkommst.
2. ...... ich kein Abitur habe, kann ich nicht studieren.
3. ...... du Nachhilfe bekommst, bist du auch besser in der Schule.
4. Du kannst kein Radio hören, ... du Hausaufgaben machst.
5. ...... Berta eine Diät macht, hat sie 6 kg abgenommen.
6. Ich passe auf Louis auf, ... du wieder da bist.
7. Wir schreiben euch eine Karte, ... wir in den USA angekommen sind.
8. ...... er in Paris lebt, kam er nicht mehr nach Hause.
9. ...... ich die Fenster putze, kannst du Staub saugen.
10. Du kannst keine Arbeit finden, ... du dich nicht bewirbst.
...... ich es erfahren hatte, habe ich dich angerufen

168 Reliez les phrases en utilisant *seit, bis* ou *während*. ✩✩

1. Sie arbeitet viel. Sie wohnt in Frankfurt.
2. Oma bleibt bei Caren. Caren ist wieder gesund.
3. Wir bleiben zu Hause. Es hört auf zu regnen.
4. Wir sind umgezogen. Ich habe noch keine Freunde gefunden.
5. Ich lese ein Buch. Ich warte auf den Bus an der Bushaltestelle.
6. Maria hat den Arm in Gips. Sie ist gefallen.
7. Das Flugzeug startet. Wir haben noch Zeit.
8. Es hat viel geregnet. Der Rhein hat Hochwasser.
9. Hermann ist im Schwimmbad. Thomas geht ins Kino.
10. Klaus surft im Internet. Er hört Musik.
11. Das Essen ist fertig. Du kannst noch Fern sehen.
12. Onkel Hans kommt mit dem Auto aus München. Es wird 9.00 Uhr.
13. Monika spült das Geschirr. Sie unterhält sich mit ihrer Mutter.

169 Reliez les phrases en utilisant *da* ou *weil*. ✩✩

1. Kai ist nervös. Er kann die Kassette von Claudia nicht finden.
2. Jürgen kam zu spät zur Schule. Er hatte den Bus verpasst.
3. Lina will nichts essen. Sie hat keinen Hunger mehr.
4. Tim hat Ferien. Er kann also lange schlafen.

5. Steffen wohnt im Stadtzentrum. Er fährt oft mit dem Fahrrad zur Arbeit.
6. Das Hotel war ausgebucht. Wir sind also in die nächste Stadt gefahren.
7. Wir müssen zurück nach Deutschland. Der Wohnwagen ist zu klein.
8. Leonard will sofort essen. Er muss direkt wieder weg.

170 Complétez les phrases en utilisant *da* ou *weil*. ☆☆

1. ...... das Flugzeug nicht startete, mussten die Touristen warten.
2. Du sollst nicht rauchen, ... es deiner Gesundheit schadet.
3. Torsten, du musst langsamer fahren, ... Aqua-Planing auf der Strasse ist.
4. ...... Thomas nicht zur Verabredung kam, ging Tina wieder nach Hause.
5. Katrin bleibt im Bett, ...sie eine Grippe hat.
6. Der Computer geht nicht, ... es keinen Strom gibt.

171 Complétez les phrases en utilisant *weil, ob* ou *dass*. ☆☆

1. Ich frage ihn, ... es ihm gut geht.
2. Sie weiß, ... ich heute nicht zu ihr kommen kann.
3. Ich kann nicht kommen, ... keine Zeit habe.
4. Er fragt mich, ... es regnet.
5. Ich packe meine Koffer, ... ich nach Paris fahren will.

172 Reliez les phrases en utilisant *obwohl*. ☆☆

1. Die Strasse ist glatt. Kai fährt zu schnell.
2. Ich spreche fast kein Deutsch. Ich fahre trotzdem nach Berlin.
3. Ich gehe oft zu Fuß. Ich habe auch ein Auto.
4. Sylvia geht zur Arbeit. Sie hat eine Grippe.
5. Sie raucht. Das ist doch ungesund.
6. Ich bin sehr müde. Ich komme trotzdem zu deiner Feier.

173 Reliez les phrases en utilisant *ohne zu* ou *weil*. ☆☆

1. Er kann nicht kommen, er ist krank.
2. Der Boden ist nass, es hat geregnet.
3. Er geht in die Schule, er frühstückt nicht.
4. Er legt sich aufs Bett, er zieht nicht die Schuhe aus.
5. Er geht ins Bett, er ist müde.
6. Sie fährt in die Stadt, sie will einen Kuchen kaufen.

174 Traduisez. ☆☆☆

1. Pierre pense que Madrid est en Italie.
2. Nous ne restons pas à la maison quand mes cousins viennent.
3. Après avoir dîné, nous sommes allés au théâtre.
4. Depuis que j'ai changé d'emploi, je gagne davantage.
5. Il boit de l'alcool bien que cela soit interdit.

6. Je resterai à la montagne jusqu'à ce qu'il n'y ait plus de neige.
7. Le téléphone sonna quand nous rentrâmes du cinéma.
8. Avant que je quitte le bureau, je dois éteindre la lumière.
9. Mets tes baskets avant de jouer au foot.

175 Traduisez. ✩✩✩

1. Sais-tu si Madame Claris part en vacances ?
2. Nous allons à la piscine quand il fait chaud.
3. Après avoir cherché la clé pendant des heures, Joseph la trouva enfin/a fini par la trouver.
4. Ne t'inquiète pas. Avant d'aller au cinéma, j'aurai fait mes devoirs.
5. Il fait comme s'il avait compris.
6. Joseph mange encore des frites bien qu'il n'ait plus faim.
7. Après avoir étudié le japonais à Tokyo, il retourna à Munich.
8. Depuis qu'il s'est marié avec Sophie, on ne le voit plus au bistrot.
9. Travaille avant de jouer sur l'ordinateur !

176 Traduisez. ✩✩✩

1. Mon père pense que je dois travailler encore plus.
2. Je suis allé à l'école pour la première fois quand j'avais six ans.
3. Après avoir écrit un mél, elle éteindra l'ordinateur.
4. Avant que tu partes, je te rendrai ton pull.
5. Depuis qu'il a sa moto, il n'est jamais là.
6. Marc va t'aider jusqu'à ce que tu aies de meilleures notes à l'école.
7. Udo ne part pas aux États-Unis car il n'a pas de visa.
8. Bien qu'il fasse beau, je prendrai un pull.

Annexes

1 LES MASCULINS FAIBLES (p. 89)

177 Trouvez les bonnes terminaisons pour compléter les phrases. ✩✩

1. D... Angestellt... der Bank sind gegenüber den Kund... sehr freundlich.
2. Ich habe Ihr... Nam... leider nicht richtig verstanden.
3. Die Maschine wurde von d... Lieferant... erst gestern geliefert.
4. D... Polizist... haben heute alle Dienst.
5. Bei d... Grossist... kann man billiger einkaufen.
6. Der Käfig des Löw... ist zu klein.
7. Das Schicksal d... Gefangen... ist noch nicht sicher.

8. Der Artikel d... Journalist... erregte viel Aufsehen.
9. Wann kommt der Arzt zu d... Patient... ?
10. Wie lange muss man hier auf die Aussage der Zeug... warten?

❷ LE GÉNITIF SAXON (p. 90)

178 Transformez les groupes de mots en utilisant le génitif saxon. ✩

1. der Rock von Petra.
2. die Socken von Stefan
3. der Kuchen von Pauline
4. der Mantel von Johannes
5. die Bananen von Chris
6. das Ei von Maya
7. der Schal von Lisa
8. der Gürtel von Markus
9. die Puppe von Susanne
10. das Spielzeug von Max

179 Transformez les phrases en utilisant le génitif saxon. ✩

1. Wir suchen die Autos von Max.
2. Hast du die Bluse von Katy gesehen?
3. Ist das die CD von Mozart?
4. Hast du den neuen Film von Spielberg gesehen?
5. Wo ist die Katze von Jonas?

180 Traduisez les phrases en utilisant (1) *von*, puis (2) le génitif saxon. ✩✩

1. Cette clé est à Uwe.
2. Cette comédie est de L. Bernstein.
3. La chemise appartient à Tobias.
4. Où est l'ordinateur de Willi ?
5. Mia boit le jus de pomme de Markus.

❸ PAYS ET NATIONALITÉS (p. 91)

181 Complétez le tableau. ✩

LAND	ADJECTIV	EINWOHNER
1. Deutschland		
2.	französisch	
3.		der Engländer
4. Italien		

•••

LAND	ADJECTIV	EINWOHNER
5.	schwedisch	
7. Türkei		
8.	finnisch	
9.		der Ire
10. Asien		
11.	belgisch	
12.		der Portugiese
13. Polen		
14.	schweizerisch	
15.		der Ungar
16. Kanada		
17.	spanisch	
18.		der Jugoslawe
19. Israel		
20.	russisch	

4 LES NOMBRES (p. 92)

182 Écrivez les nombres en toutes lettres. ✩

1. 12,20 € **2.** 4,80 € **3.** 4,50 m **4.** 7 kg **5.** 20 cm

183 Complétez les phrases en écrivant les nombres en toutes lettres. ✩

1. Ich möchte ...... (1 kg) Möhren und ...... (500 gr) Rosinen kaufen.
2. Das Bett meines Bruders ist nur ...... (1,50 m) lang und ...... (90 cm) breit.
3. Ich habe mir heute die Haare schon ...... (2 x) gewaschen.
4. Dieses Bier hat nur ......(1,5 %) Alkohol.
5. Fast ...... (1/4) der Schüler war unter dem Klassendurchschnitt.

5 LES INDICATIONS DU TEMPS (p. 94)

184 Écrivez les dates en toutes lettres. ✩

1. Wann ist Caspar David Friedrich geboren? Am 05.09.1774.
2. Wann wurde Hitler zum Reichskanzler ernannt? Am 30.01.1933.
3. Wann ist Thomas Mann geboren? Am 6.6.1875.

185 **Quelle heure est-il ?**

1. Es ist ....

2. Es ist ....

3. Es ist ....

4. Es ist ....

6 LA FORMATION DES MOTS (p. 97)

186 **Formez des noms de personnes (êtres masculin et féminin) à partir des verbes, comme dans l'exemple.**

Exemple : *malen*

Maler, Malerin

1. lehren **2.** backen **3.** fahren **4.** spielen **5.** reden **6.** springen **7.** hören **8.** schwimmen **9.** studieren

187 **Formez des noms à partir des adjectifs.**

1. schön **2.** traurig **3.** eitel **4.** einsam **5.** bitter **6.** reich **7.** geheim **8.** süß

188 **Formez des noms à partir des verbes.**

1. telefonieren **2.** schreiben **3.** verteilen **4.** schlagen **5.** bewegen **6.** helfen **7.** laufen **8.** berichten **9.** demonstrieren **10.** arbeiten **11.** hören

189 **Formez des adjectifs (sens positif et sens négatif) à partir des verbes, comme dans l'exemple.**

Exemple : *lesen*

lesbar, unlesbar

1. essen **2.** verstehen **3.** begreifen **4.** glauben **5.** hören **6.** tragen

190 **Formez des adjectifs (sens positif et sens négatif) à partir des noms.**

1. Glück **2.** Gefahr **3.** Vorteil **4.** Europa **5.** Verführung

Corrigé des exercices

1

1. das **2.** der **3.** der **4.** die **5.** die **6.** der **7.** der **8.** der **9.** der **10.** die **11.** das **12.** der **13.** die **14.** das **15.** die

2

1. die **2.** der **3.** die **4.** die **5.** die **6.** die **7.** die **8.** die **9.** die **10.** der **11.** der **12.** der **13.** die **14.** die **15.** die

3

1. der **2.** der **3.** der **4.** der **5.** der **6.** die **7.** der **8.** die **9.** das **10.** das **11.** der **12.** das **13.** der **14.** das **15.** das

4

1. Schüler **2.** Liebe **3.** Übung **4.** Schönheit **5.** Flüchtling **6.** Tante **7.** Fahrer **8.** Abend **9.** Wasser **10.** Kind

5

1. das **2.** das **3.** die **4.** der **5.** die **6.** der **7.** das **8.** die **9.** das **10.** das **11.** das **12.** die **13.** der **14.** das **15.** die **16.** das **17.** der **18.** die **19.** der **20.** das

6

1. der, ein **2.** die, eine **3.** das, ein **4.** der, ein **5.** das, ein **6.** der, ein **7.** der, ein **8.** die, eine **9.** der, ein **10.** die, eine **11.** der, ei **12.** das, ein **13.** die, ein **14.** der, ein **15.** die, ein **16.** der, ein **17.** der, ein **18.** das, ein **19.** der, ein **20.** der, ein **21.** das, ein **22.** die, eine **23.** der, ein **24.** die, eine **25.** der, ein **26.** der, ein **27.** die, eine **28.** das, ein **29.** der, ein **30.** die, eine

7

	-S	-¨ER	-N	-EN	-¨E	Ø	-E
Auto	X						
Kuh					X		
Arbeiter						X	
Polizist				X			
Haus		X					
Büro	X						
Geschäft							X
Tochter		X					
Übung				X			
Auszug					X		
Kartoffel			X				
Uhr				X			
Maschine			X				
Bärchen						X	
Winter						X	
Übung				X			
Frau				X			
Lokomotive			X				
Wagen						X	
Zug					X		
Parkplatz					X		
Motor				X			
Wald		X					
Foto	X						
Ausbildung				X			

8

	-S	-¨ER	-N	-EN	-¨E	∅	-E
Tafel			X				
Schule			X				
Buchstabe			X				
Erklärung				X			
Bedeutung				X			
Dummheit				X			
Ermutigung				X			
Frage			X				
Kugelschreiber						X	
Stundenplan					X		
Radiergummi	X						
Hausaufgabe			X				
Schwamm					X		
Sprache			X				
Note			X				
Klassenarbeit				X			
Füller						X	
Klasse			X				
Tisch							X
Stuhl					X		
Verbot							X
Wörterbuch		X					
Zusammenfas sung				X			
Universität				X			
Schuljahr							X
Lehrer						X	
Kenntnis (s)							X
Lektion				X			

9

1. der, Wagen **2.** der, Vögel **3.** der, Brüder **4.** der, Monate **5.** der, Äpfel **6.** der, Motoren **7.** der, Franzosen **8.** die, Positionen **9.** der, Berge **10.** das, Sofas **11.** das, Mädchen **12.** die, Kartoffeln **13.** die, Töchter **14.** das, Hotels **15.** die, Verkäuferinnen **16.** die, Jacken **17.** die, Socken **18.** die, Mandeln **19.** die, Würste **20.** der, Sessel **21.** der, Füller **22.** der, Computer **23.** der, Fernseher **24.** der, Programme **25.** das, Lineale **26.** der, Rektoren **27.** der, Physiker **28.** der, Drucker **29.** die, Tastaturen **30.** die, Lektionen

10

1. Messer **2.** Segelboote **3.** Konferenzen **4.** die Briefe **5.** sind die Bestellungen **6.** Muttern **7.** Veränderungen **8.** Schwestern **9.** brennen die Lampen **10.** die Drucker sind **11.** sind die Zeitungen

11

1. fahren die Straßenbahnen **2.** sind die nächsten Haltestellen **3.** stehen Bänke **4.** die Fahrscheine **5.** CD-Player **6.** werden die Maschinen **7.** die Studenten sind **8.** kosten die Anzüge **9.** schließen die Geschäfte **10.** die Gesetze stehen **11.** die Abgeordneten sind

12

1. Die Buchhalter haben eine Versammlung.
2. Die Kassiererinnen streiken.
3. Die Firma Klein bezahlt ihre Rechnungen mit Schecks.
4. Haben Sie Scheckhefte?
5. Die Preise sind gesunken.
6. Die Waren sind sehr konkurrenzfähig.
7. Drei Kunden haben eine Reise nach Berlin gewonnen.
8. Die Firma Schmidt hat fünf Techniker entlassen.
9. Die Schwiegereltern wohnen in Köln.
10. Diese Sätze sind schwierig.

13

1. Wir haben zwei Schlafzimmer.
2. Kai hat zwei Schränke in seinem Zimmer.
3. Sabine ist 10 Jahre alt.
4. Die Mieten sind zu hoch.
5. Ich habe eine Einladung für dich.
6. Diese Informationen sind falsch.
7. Die Minister haben über die Gesetze diskutiert.
8. Deutschland hat viele Traditionen.
9. Es gibt immer Vorurteile in der Welt.
10. Dieses Jahr hat die Klasse 5c zwei Ausflüge gemacht.

14

1. der Biergarten **2.** die Gartenbank **3.** das Telefonbuch **4.** die Einbahnstraße **5.** der Regenbogen **6.** die Kaffeetasse **7.** der Kartoffelbrei **8.** das Kinderbett **9.** die Phantasieblume **10.** die Herbstferien **11.** der Schokoladenkuchen

15

1. die Schnellstrasse **2.** der Stundenplan **3.** die Fahrstunde **4.** der Bahnhof **5.** der Kühlschrank **6.** der Bundespräsident **7.** die Schulferien **8.** der Regenschirm **9.** der Fotoapparat **10.** der CD-Player

16

1. Bundespräsident **2.** Regenschirm **3.** Autobahn **4.** Autowerkstadt **5.** Menükarte **6.** Tennisschläger **7.** Fußgängerzone **8.** Sommerferien **9.** Hauptstadt **10.** Nordsee **11.** Schreibmaschine **12.** Nichtraucherabteil **13.** Wassermann **14.** Sonnenbrand

17

1. Wettervorhersage **2.** Wolkenbruch **3.** Schneeflocken **4.** Urwald **5.** Weihnachtsbaum **6.** Börsenbericht **7.** Vorstellungsgespräch **8.** Zebrastreifen **9.** Klassenzimmer **10.** Abendschule **11.** Fahrkartenschalter **12.** Pauschalreise **13.** Speisewagen **14.** Meinungsfreiheit, Grundrecht **15.** Süßwasser

18

1. le salon **2.** le dictionnaire **3.** le sac à main **4.** le vin rouge **5.** le feu de camp **6.** la fourche **7.** le collaborateur **8.** la voix d'homme **9.** le centre **10.** le départ **11.** le ministre d'extérieur

19

1. das Schulbuch **2.** das Taschentuch **3.** der Zeitungskiosk **4.** der Sportwagen **5.** das Trinkgeld **6.** der Sonnenstrahl **7.** der Flaschenöffner **8.** der Schwarzwald **9.** der Ferienjob **10.** der Sonnenschirm **11.** das Erdbeben

20

	N	A
1. Nimmst du *den Bus* um 7.00 Uhr ?		X
2. *Der Kellner* bringt uns die Getränke.	X	
3. Nach dem Essen bringt et uns *die Rechnung*.		X
4. *Die Rechnung* ist zu hoch.	X	
5. Der Journalist interviewt *den Politiker*.		X
6. *Die Urlaubsbilder* sind sehr schön geworden.	X	
7. Wir kaufen uns alle *ein T-Shirt* im Geschäft.		X
8. Stefan braucht *ein neues Mathematikheft*.		X
9. Wo ist *die Sporttasche* von Rainer?	X	
10. Gib mir bitte *einen Bleistift*.		X
11. *Der Kapitän des Schiffes* heißt Roland Mayers.	X	
12. Sabrina holt *den Fotoapparat*.		X
13. Die Sekretärin schreibt *einen Brief*.		X
14. Rainer liest *die Schülerzeitung*.		X
15. Es ist hei,. Möchtest du *ein Eis* ?		X

21

	A	D
1. Nimmst du *den Regenschirm* mit?	X	
2. Der Schulranzen gehört *dem Mädchen* dort.		X
3. Seit *diesem Unfall* fährt er vorsichtiger.		X
4. Auf *wen* wartest du?	X	
5. Er liest die Zeitung *im Wohnzimmer*.		X
6. Ich zeige *den Touristen* die Stadt Paris.		X
7. Dann gebe ich *den Ausländern* den Stadtplan.		X
8. Mit wem bist du *zur Arbeit* gefahren?		X
9. Setz dich auf *diesen Stuhl* hier.	X	
10. Wann kommt der Briefträger mit *der Post*?		X
11. Willst du nicht *die Eintrittskarten* kaufen?	X	
12. Beeil dich! Der Bus ist schon an *der Haltestelle*.		X
13. Die Sekretärin öffnet *den Brief*.	X	
14. Dicke Regenwolken schweben über *der Stadt*.		X
15. Wir stehen auf *der Brücke*.		X

22

1. an **2.** aus **3.** mit **4.** in **5.** über **6.** zu **7.** bei **8.** in

23

1. Das Mädchen grüßt den Lehrer.
2. Tobias hat einen Hund.

3. Ich will den Pullover nicht anziehen.
4. Die Mutter kauft einen Schulranzen.
5. Die Oma erzählt uns ein Märchen.
6. Katrin macht ein Foto vom Eiffelturm.
7. Du musst einen Arzt anrufen.
8. Wir haben eine Weltreise gemacht.
9. Der Computer hat einen Defekt.
10. Du brauchst keinen Regenschirm mitzunehmen.

24

1. Wir nehmen heute das Flugzeug in Berlin Tegel.
2. Vorher haben wir ein Taxi genommen.
3. Hast du einen Bruder?
4. Torsten hat ein Geburtstagsgeschenk für Elvira gekauft.
5. Die Verkäuferin zeigt Mutti ein Kleid.
6. Ich trinke keinen Kaffee.
7. hast du die Postkarten geschrieben?
8. Herr Klein hört gerne die Musik von Beethoven.
9. Wo hast du das Fernsehprogramm hingelegt?
10. Gib mir bitte die Fernbedienung.

25

1. Die Kinder kommen aus der Schule.
2. Sie müssen mit einem Kugelschreiber das Formular ausfüllen.
3. Nach dem Kino gehen wir noch in ein Restaurant.
4. Julia geht mit einer Freundin ins Schwimmbad.
5. Wer holt die Brötchen beim Bäcker?
6. Mit dem Bus geht es schneller als mit dem Fahrrad.
7. Sie ist auf einer Bananenschale ausgerutscht.
8. Wir parken das Auto in der Tiefgarage.
9. Stell das Buch zurück in das Bücherregal.
10. Wir warten seit einer Stunde auf dich.

26

1. Kann ich den Direktor sprechen?
2. nach der Scheidung hat er seine Frau nicht mehr gesehen.
3. Ich danke dir für das Geschenkt.
4. an der Ampel gab es einen Unfall.
5. Bei wem hast du geschlafen?
6. Wir spielen gerne mit den Karten.
7. Hast du das Bier schon aus dem Keller geholt und in den Kühlschrank gelegt?
8. Schau mal aus dem Fenster!
9. Diese CD ist für den Absatzmarkt zu teuer.
10. Das Buch wurde von dem Autor ganz umgearbeitet.

27

1. Er hatte einen schlimmen Unfall.
2. Die warme Sonne schien den ganzen Tag.
3. Er wohnt bei seiner neuen Freundin.
4. Bei diesem Unfall hatte er sehr großes Glück gehabt.
5. Ich schreibe meinem französischen Freund einen langen Brief.
6. Mein älterer Bruder hat einen guten Beruf.

28

1. Er sieht ein Schiff.
2. Das ist eine Sonnenblume.
3. Ich schreibe einen Brief.
4. Kannst du mir den Walkman geben?
5. Wir haben keinen Tisch.
6. Das Kind kauft einen Fisch für das Aquarium.
7. Wo ist die Katze?
8. Wer hat einen Kugelschreiber und ein Blatt Papier?
9. Ich kaufe einen Apfel, eine Banane und eine Orange.
10. Ich sehe einen Kirschbaum.

29

1. über **2.** aus **3.** über **4.** von **5.** vor **6.** an **7.** an **8.** aus **9.** auf **10.** vor, auf **11.** von **12.** aus **13.** auf **14.** über **15.** vor, von **16.** an, aus **17.** über **18.** vor **19.** von **20.** an

30

1. Sie fährt immer mit dem Zug zu ihrer Nichte.
2. Gehst du heute noch auf die Post und zur Bank?
3. Wir kamen erst spät in der Nacht im Hotel an.
4. Wir sind von Montag bis Samstag in Urlaub.
5. Unser neuer Wagen steht vor der Tür.
6. Bis wann muss das Referat fertig sein?
7. Mit wem willst du zusammenarbeiten?
8. Wir sind schon seit einem Monat am Meer.
9. Alle liegen unter einem Sonnenschirm.
10. Tante Hilde stellt den Apfelkuchen auf den Kaffeetisch.

31

1. Manfred fährt zu seiner Schwester.
2. Dein Motorrad steht vor der Tür.
3. Ein Poster hängt an der Wand.
4. Das Licht brennt in der Küche.
5. Sie geht in den Garten.
6. Ich stehen jeden Tag um sieben Uhr auf.
7. Mutti kocht Kaffe für uns alle.
8. Abends gehen wir in ein Restaurant.
9. Ich fahre in die Schweiz, und dann nach Frankfurt.
10. die Schüler kommen aus der Großstadt.
11. Vor dem Frühstück machen sie ihre Betten.
12. Wegen dichten Nebels konnten die Autos nicht fahren.
13. Er machte sich gestern sehr früh auf den Weg zur Arbeit.

32

1. Wo **2.** Wo **3.** Wo **4.** Wohin **5.** Wo **6.** Wohin **7.** Wo **8.** Wo **9.** Wohin **10.** Wohin

33

1. Wo **2.** Wohin **3.** Wo **4.** Wohin **5.** Wo **6.** Wohin

34

1. Bei **2.** bei **3.** zu **4.** bei **5.** zum **6.** bei **7.** zur **8.** bei **9.** zu **10.** zum

35

1. ins **2.** auf **3.** hinter **4.** vor **5.** unter **6.** auf **7.** im **8.** aus **9.** aus **10.** aus **11.** über **12.** nach **13.** vom **14.** durch **15.** aus

36

1. Die Milch ist im Kühlschrank.
2. Vati hängt das Bild über den Kamin.
3. Mutti kommt vom Einkaufen.
4. Maya stellt die Gläser auf den Tisch.
5. Hinter dem Zaun ist ein Garten mit Apfelbäumen.
6. Sie fahren mit dem Kahn durch den Spreewald.
7. Wir warten vor dem Theater.
8. Die Birne in der Lampe über dem Tisch ist kaputt.
9. Die Autos fahren durch das Brandenburger Tor.
10. Von Osten kommen Wolken.

37

1. aus **2.** mit **3.** auf **4.** wegen **5.** per **6.** durch **7.** in **8.** bei **9.** aus **10.** mit

38

1. im **2.** auf **3.** vor **4.** In **5.** an **6.** zu **7.** mit **8.** über **9.** auf **10.** zum

39

1. um **2.** nach **3.** um **4.** Zum **5.** am **6.** Im **7.** von, bis **8.** Zu **9.** gegen **10.** Am

40

1. Seit **2.** in **3.** seit **4.** Vor **5.** In **6.** in **7.** seit **8.** Vor **9.** Vor **10.** Seit

41

1a. Ich wohne in München. **b.** Wir fahren nach München.
2a. Thomas ist beim Chef. **b.** Thomas soll zum Chef gehen.
3a. Wir machen an der Ostsee Urlaub. **b.** Wir fahren an die Ostsee.
4a. Dort lagen wir lange am Strand. **b.** Wir sind jeden Tag an den Strand gegangen.
5a. Ich bin in der Apotheke. **b.** Ich muss noch in die Apotheke Medikamente kaufen.

42

1. an **2.** vor **3.** Aus **4.** Vor **5.** an **6.** vor **7.** an **8.** vor **9.** aus **10.** aus

43

1. Das Auto steht vor dem Haus.
2. Wir waren im Kino.
3. Leg bitte das Buch auf den Tisch.
4. Häng das Bild hier an die Wand.
5. Ich warte nächsten Dienstag am Bahnhof auf dich.
6. Fang an zu arbeiten!
7. Die Hausaufgaben stehen auf der Tafel.
8. Er hat genau vor der Bank geparkt.
9. Gehst du noch zur Schule?
10. Stell dich bitte hinter Thomas.
11. Es gibt keine Marmelade mehr im Schrank.

44

1. Frau Dupont arbeitet jeden Morgen hier.
2. Ich bin seit einer Woche in Urlaub.
3. Können Sie das Auto bis Samstag reparieren?
4. Wir fahren zu Weihnachten nach Paris.

5. Das Flugzeug fliegt in zehn Minuten ab.
6. Im Sommer ist es immer heiß.
7. Die Geschäfte sind bis 18.00 Uhr geöffnet.
8. Ich warte seit einer Stunde vor dem Schalter.
9. Wir kommen gegen 21.00 Uhr im Hotel an.
10. Morgens bin ich immer müde.

45

1. Katrin setzt sich neben Louise.
2. Die Braut war zwischen ihrem Gatten und ihrem Schwiegervater.
3. Wir treffen uns vor der Fontaine auf dem großen Platz.
4. Hole das Eis aus dem Kühlschrank und stelle es neben das Wasser auf den Tisch.
5. Im Park läuft der Hund immer hinter den Tauben her.
6. Wir haben einen Tisch im Restaurant reserviert.
7. Kannst du mich zu Hause abholen, und dann zum Bahnhof fahren?
8. Wir haben unsere Ferien am Meer verbracht.
9. Herr Müller kommt gegen 18.00 Uhr aus dem Büro nach Hause.
10. Im Mai ist es schon wärmer.

46

Sehr geehrter Herr Gaul,
vielen Dank für Ihren Auftrag von 50 CD-Playern.
Die Ware kann bis zum 15. diesen Monats geliefert werden, wenn Sie mit einer Lieferung per Luftfracht einverstanden sind.
Der Rechnungsbetrag beläuft sich dann auf 450 Euro. Wie bereits vereinbart, gewähren wir Ihnen einen Mengenrabatt von 5% .
Wir hoffen auf eine weitere gute Zusammenarbeit und verbleiben.
mit freundichen Grüssen

47

1. sie **2.** ihm **3.** ihn **4.** Er **5.** Sie **6.** Er **7.** sie **8.** Es **9.** ihr **10.** sie

48

1. Er schreibt ihn. **2.** Es gehört ihnen. **3.** Sie sehen ihn über dem Meer. **4.** Sie bekamen sie geschenkt. **5.** Sie putzt sie. **6.** Sie braucht ihn. **7.** Sie kommen auch zu ihr. **8.** Sie hat schon mit ihm gesprochen. **9.** Er sucht sie. **10.** Es ist für sie.

49

1. die **2.** die **3.** das **4.** dessen **5.** die **6.** dem **7.** dem **8.** dem **9.** den **10.** der

50

1. seiner **2.** ihrer **3.** seine **4.** seins **5.** ihre **6.** meine **7.** unserer **8.** unsere **9.** seine **10.** seiner

51

1. mir **2.** uns **3.** dich **4.** sich **5.** euch **6.** sich **7.** uns **8.** mich **9.** dich **10.** euch

52

1. Wer **2.** Mit wem **3.** Wo **4.** Wann **5.** Wie **6.** Was **7.** Wem **8.** Warum **9.** Wo **10.** Wieviel **11.** Worüber **12.** Wen **13.** Woher **14.** Bei wem **15.** Wohin

53

1. Da kommt ihr Sohn, dem sie etwas zu essen macht.
2. Diese Kinder, mit denen ich im Kino war, sind meine Freunde.
3. Hier ist ja die Tasche, die ich den ganzen Tag gesucht habe.
4. Meine Tante, die ich oft besuche, wohn in Baden-Baden.
5. Ich sehe eine Oper, die sehr bekannt ist.
6. Du kannst dir den Rock kaufen, der nicht teuer ist.
7. Gib mir bitte das Kissen, auf dem du sitzt.
8. Die Aufgaben, die wir lösen müssen, sind schwer.
9. Der Kuchen, den du selbst gemacht hast, schmeckt gut.

54

1. Meine Freundin, die du kennst, bekam ein Kind.
2. Die Uhr, die sich das Kind gewünscht hat, ist sehr schön.
3. Die Kinder, die auf der Strasse spielen, gehen heute nicht zur Schule.
4. Die Geschichte, die du erzählst, kenne ich schon.
5. Das Kind, das weint, ist gefallen.
6. Frau Müller, deren Sohn einen schweren Unfall hatte, zitterte.

55

1. Sie bekommt es von ihm.
2. Sie malen es für ihn.
3. Er zeigt es ihnen.
4. Er empfiehlt es uns.
5. Sie schickt sie ihm.
6. Sie verteilt sie an sie.
7. Sie helfen ihr über die Strasse.
8. Sie freuen sich immer, sie zu besuchen.
9. Kannst du ihn ihr geben?

56

1A, 2B, 3D, 4B, 5B

57

1. es **2.** ihm **3.** Ihnen **4.** mir **5.** er, ihr **6.** wir **7.** wir **8.** mir **9.** ihm **10.** mir

58

1. Wo wohnst du?
2. Woher kommst du?
3. Seit wann bist du da?
4. Wer ist das?
5. Wohin fahren wir?
6. Mit wem warst du im Kino?
7. Wo liegt das Buch?
8. Wann treffen wir uns?
9. Wieviel Flaschen sind es?
10. Was macht sie?
11. Worüber sprecht ihr?
12. Wem gehört das Heft?
13. Wohin fliegst du?

59

1. Woher kommen diese Tulpen?
2. Wem bringt Sarah ein kleines Vögelchen?
3. Woran denkst du?
4. Wie ist dein Computer?
5. Seit wann habt ihr euch nicht mehr gesehen?
6. Woher kommt ihr?
7. Woraus besteht diese Weste?
8. Wohin ist Sabine gefahren?
9. Was musst du hinten am Computer einstecken?
10. Wohin hast du die neuen Kugelschreiber gelegt?
11. Worüber habt ihr gesprochen?
12. Wieviel Uhr ist es?
13. Wie alt ist dein Sohn?
14. Wo schlafen die kleinen Kätzchen gerne?

60

1. Diese **2.** Dieser **3.** dieses **4.** Solche **5.** Diese **6.** Solche **7.** Jener **8.** diese **9.** solche **10.** dieses

61

1. seine **2.** seinem **3.** ihrem **4.** Ihren **5.** meinen **6.** unseren **7.** seine **8.** eure **9.** unseren **10.** ihre

62

1. Ich weiß es.
2. Das ist unser neues Haus.
3. Hier ist seine Tasche. Sie gehört ihm.
4. Der Stuhl, auf dem du sitzt ist alt.
5. Wo ist dein Hut? Ich habe ihn im Restaurant vergessen.
6. Das ist Herr Klein. Willst du ihn etwas fragen?
7. Dieser Schulranzen gehört einem Schüler.
8. Das ist nicht Ihr Auto.
9. Dieses Buch ist meins und nicht deins.
10. Vielen Dank für Ihren Brief.
11. Das Buch, das du siehst, ist alt.

63

1. Das ist eine Zeitung, die einmal in der Woche erscheint.
2. Das ist ein Ordner, in den man Akten ablegt.
3. Das ist eine Maschine, die spült.
4. Das ist ein Kasten, in den man Blumen pflanzt.
5. Das ist ein Apparat, der Fotos macht.
6. Das ist eine Vase, in die man Blumen stellt.
7. Das ist ein Haus, in dem Puppen wohnen.
8. Das ist eine Wanne, in der man badet.
9. Das ist ein Wagen, in dem man wohnt.
10. Das ist eine Treppe, die aus Holz ist.
11. Das ist ein Buch, in dem Wörter stehen.
12. Das ist ein Haus, in dem zwei Familien wohnen.

64

1. Woran denkst du?
2. Mit wem bist du ins Kino gegangen?
3. Für wen ist dieses Geschenk?
4. Warum arbeitest du nicht wie die anderen?
5. Wieviel Kinder haben sie?
6. Worin besteht diese Arbeit?
7. Worum geht es?

8. Wer geht mit mir ins Theater?
9. Woher kommen sie?
10. Welcher von diesen Stiften ist deiner?

65

1. Karl bringt seine Bücher zur Bücherei.
2. Unser Haus ist gegenüber des Bahnhofes.
3. Dieses Buch ist interessant.
4. Thomas lernt seine Lektionen.
5. Deine Schürze ist schmutzig.
6. Hast du nicht seine Schuhe gesehen?
7. Habt ihr eure Stifte?
8. Ist das Ihr Hut Frau Klein?
9. Diese Strasse ist gesperrt.
10. Das Auto seines Vaters ist vor dem Haus geparkt.

66

1a. ein kleines Mädchen **b.** das kleine Mädchen
2a. ein neuer Computer **b.** der neue Computer
3a. eine rote Rose **b.** die rote Rose
4a. ein großes Büro **b.** das große Büro
5a. ein junger Doktor **b.** der junge Doktor
6a. ein schnelles Motorrad **b.** das schnelle Motorrad
7a. ein langer Schreibtisch **b.** der lange Schreibtisch
8a. ein altes Telefon **b.** das alte Telefon
9a. ein kleiner Bildschirm **b.** der kleine Bildschirm
10a. eine nette Frau **b.** die nette Frau

67

1a. die kleine Sekunde **b.** kleine Sekunden
2a. das ganze Jahr **b.** ganze Jahre
3a. eine bunte Illustrierte **b.** bunte Illustrierte
4a. eine weiße Schneeflocke **b.** weiße Schneeflocken
5a. die westliche Demokratie **b.** westliche Demokratien
6a. ein spannender Roman **b.** spannende Romane
7a. der hektische Autofahrer **b.** hektische Autofahrer
8a. der unsichere Schüler **b.** unsichere Schüler
9a. ein überfüllter Mülleimer **b.** überfüllte Mülleimer
10a. das verstopfte WC **b.** verstopfte WCs

68

1. Willst du einen guten Film mit mir sehen?
2. Hast du das blaue Kleid von Frau Schönberger gesehen?
3. Kannst du mir das kalte Wasser geben?
4. Diese billigen Bleistifte sind nichts.
5. Das Spielzeug ist für meinen kleinen Bruder.
6. Das Schiff fährt an vielen kleinen rheinischen Dörfern vorbei.
7. Hast du meine neuen schwarzen Schuhe gesehen?
8. In diesem alten Restaurant haben wir guten Wein getrunken.
9. Sie trägt einen ausgefallenen Hut.
10. Wir machen gerne in den warmen Ländern Urlaub.

69

1. Die Dorfkirche steht auf dem alten Marktplatz.
2. Bei schlechtem Wetter gehen wir ins Kino.
3. Die berühmte Mona Lisa ist im Louvre zu sehen.
4. Die neuen Nachbarn ziehen in das große Appartement ein.
5. Wir arbeiten in einer voll automatischen Fabrik.

70

1. Der große Lastwagen steht vor dem großen Tor.
2. Diese alte Firma hat einen neuen jungen Direktor.
3. Mit diesen rentablen und elektronischen Maschinen machen wir einen hohen Gewinn.
4. Der reiche Unternehmer hat eine neuartige Arbeitsteilung eingeführt.
5. Neben diesem gemütlichen Restaurant wurde ein riesiges Hotel eröffnet.
6. Die älteren Arbeitslosen finden nur sehr schwer eine gute Arbeit mit einer angemessenen Bezahlung.
7. Die alte Kundin lässt sich von dem reizenden Ober eine neue Tasse mit heißem Tee bringen.
8. Die Katze sitzt auf der schmutzigen Fensterbank.
9. Die durstigen Kinder möchten eine frische Coca-Cola trinken.

10. Der betrunkene Autofahrer hatte einen schrecklichen Unfall in der kleinen Winkelgasse verursacht.

71

1. Jugendlicher und sportlicher Mann, Anfang 40, sucht eine liebevolle, reizende und arbeitswillige Frau. Sie sollte eine gute Ausbildung haben, selbständig und häuslich sein.
2. Kleine, zierliche, attraktive Frau sucht einen gut a intelligenten und reichen Mann mit einem schnellen Auto für lange Reisen in das ferne Ausland.
3. Kleine flauschige Schmusekatze sucht einen tollen Stubentiger mit geräumiger Wohnung.
4. Junger Student sucht ein möbliertes Zimmer bei einer älteren netten Dame.

72

1. Er hatte einen schlimmen Unfall.
2. Die warme Sonne schien den ganzen Tag.
3. Er wohnt bei seiner neuen Freundin.
4. Bei diesem Unfall hatte er sehr großes Glück gehabt.
5. Ich schreibe meinem französischen Freund einen langen Brief.

73

	TYPE I	TYPE II
1. Wir haben einen neuen Bürgermeister gewählt.		X
2. Diese kleinen Vögel sind sehr schön.	X	
3.Tom hat seinen brandneuen CD-Player dabei.		X
4. Hier gibt es viele preisgünstige Waren.	X	
5. So eine ermüdende Reise mache ich nicht noch einmal.		X
6. Der freundliche Asylbewerber bedankte sich.	X	
7. Die rassistischen Übergriffe werden immer gefährlicher.		X
8. Wir sollten unsere alten Traditionen wahren.		X
9. Das war ein erstaunlicher Sieg.	X	
10. Diese begeisterten Fans schlugen das Mobiliar kaputt.		X

74

Ein junges Mädchen lebt mit seinen Eltern in einem großen Wald. Das Mädchen hat von der alten Großmutter ein rotes Käppchen bekommen. Deshalb nennen es die Leute « Rotkäppchen ». Nun ist die alte Großmutter krank. Die Mutter bäckt einen kleinen Kuchen und legt ihn in einen braunen Korb. Sie gibt ihr auch eine grüne Flasche Wein. So geht Rotkäppchen nun durch den großen Wald zu der kranken Großmutter. Im Wald trifft sie einen bösen Wolf. « Schau hier sind viele schöne Blumen » sagt der Wolf.

« Deine kranke Großmutter freut sich bestimmt über die gelben und roten Blumen. » Das Mädchen folgt dem Rat und pflückt die Blumen. Der Wolf aber geht zu der Großmutter und frißt sie auf.

Dann zieht er ihr weißes Nachthemd an und legt sich in ihr weiches Bett. Wenig später kommt das junge Rotkäppchen in das dunkle Schlafzimmer der Großmutter. Erstaunt fragt das Rotkäppchen: « Großmutter, warum hast du so große Augen? » « Damit ich dich besser sehen kann » sagt der listige Wolf. « Großmutter warum hast du so lange Ohren? » fragt das ängstliche Mädchen. « Damit ich dich besser hören kann » sagt der schwarze Wolf. « Großmutter, warum hast du so einen großen Mund? » « Damit ich dich besser fressen kann » sagt der Wolf, springt aus dem weichen Bett und frißt das kleine Mädchen mit einem Biss. Der Wolf legt sich wieder in das gemütliche Bett und fällt in einen tiefen Schlaf. Da kommt der Förster mit dem grünen Hemd an dem kleinen Haus vorbei und hört das laute Schnarchen. Er schaut durch das kleine Fenster und sieht den dicken bösen Wolf und erschießt ihn. Mit einem Messer schneidet er den Bauch auf, und die alte Großmutter und das junge Rotkäppchen kommen heraus. Sofort setzen sich die glücklichen drei an den Tisch und essen den feinen Kuchen. Dem Wolf legen sie schwere Steine in den Bauch und nähen ihn zu. Als der Wolf aufwacht, hat er einen großen Durst und geht zu dem Brunnen. Als er sich herüberbeugt, fällt er in den tiefen Brunnen und ertrinkt.

75

Eine junge Königin und ein schöner König wünschen sich ein Kind. Eines Tages hört ein kleiner grüner Frosch den Wunsch der traurigen Königin. Der grüne Frosch sagt ihr: « Dein Wunsch wird erfüllt. In einem Jahr wirst du eine kleine Tochter zur Welt bringen. » Nach einem Jahr bringt also die Königin eine kleine Tochter zur Welt. Der König freut sich so sehr, dass er ein großes Fest veranstaltet. Viele alte und junge Leute kommen. Im Land wohnen auch dreizehn Hexen. Leider bleiben aber nur zwölf Teller übrig. Eine Hexe wird also nicht eingeladen. Am Tage des Festes kommen alle Leute. Die zwölf guten Hexen sprechen einen Zauberspruch, damit dem kleinen Mädchen nichts passiert. Die dreizehnte Hexe aber kommt plötzlich auch zu dem großen Fest. Ihr langer Zauberspruch ist ein böser Zauberspruch. Die böse Hexe rächt sich dafür, dass sie nicht an dem großen Fest teilnehmen darf und auch nicht von den großen goldenen Tellern essen darf. Die Königstochter soll sich am fünfzehnten Geburtstag mit der spitzen Spindel stechen und tot hinfallen. Die zwölfte Hexe aber hat ihren Spruch noch nicht gesagt. Sie mildert den bösen Spruch. Das liebliche Kind soll nur einhundert Jahre schlafen. Die langen Jahre vergehen und die schöne Königstochter spielt mit den großen und kleinen Freunden im bunten Garten des Schlosses. Am dunklen Ende des Gartens steht ein alter großer Turm. Neugierig geht Dornröschen in den alten Turm die schmale Treppe hinauf. Ein altes Mütterchen sitzt am Spinnrad. Dornröschen möchte es auch versuchen, doch sofort sticht sie sich in ihren zarten Finger und das rote Blut tropft auf ihr langes weißes und blaues Kleid. Sofort fällt das ganze Land in einen langen Schlaf. Rund um das Schloss wächst sehr schnell eine dichte Dornenhecke. Viele schöne und reiche Prinzen versuchen durch die Dornenhecke zu gehen. Es gelingt ihnen aber nicht. Eines Tages kommt ein hübscher stolzer Prinz vorbei, und schneidet mit seinem Schwert die dichte Hecke auseinander. Er geht in den alten Turm die enge Treppe hinauf und sieht die junge hübsche Prinzessin auf dem großen Bett in einem tiefen Schlaf. Von der Schönheit verzaubert; küsst er sie. Dornröschen öffnet die Augen und gleichzeitig erwacht das ganze Land. Das Feuer brennt wieder mit einer großen roten Flamme. Der dicke Koch gibt dem kleinen Jungen eine Ohrfeige. Bald darauf feiert das ganze Land die große Hochzeit der hübschen Königstochter und des stolzen Prinzen.

76

1. Wir wohnen in einem kleinen Dorf neben der alten Kirche.

2. Unser Haus hat einen hübschen Garten.

3. Der Bäcker des Dorfes macht gutes Brot.

4. Der junge Postbote kommt mit seinem gelben Fahrrad.

5. Es gibt auch einen alten Doktor.

6. Morgens kann man noch die kleinen Vögel zwitschern hören.

7. Die alten Bauern erzählen immer schöne Geschichten.

8. Dieses Fernsehen gehörte meinen deutschen Großeltern.

9. Die junge Sekretärin hat nur ein kleines Büro neben der lauten Cafeteria.

10. Ich habe einen portugiesischen Ausweis gefunden.

77

1. steiler **2.** frischer **3.** kälter **4.** vitaminreicher **5.** musikalischer

78

1. größer **2.** besser **3.** kleiner **4.** teurer **5.** mehr

79

1. Der Küchentisch ist schwerer als der Schreibtisch.

2. Die Katze ist kleiner als der Hund.

3. Der Frühling ist kälter als der Sommer.

4. Im Sommer sind die Tage länger als die Nächte.

5. Der TGV ist fährt schneller als der ICE.

6. Der Direktor verdient mehr als die Sekretärin.

7. Marina ist sympathischer als Leonard.

8. Opa ist älter als Oma.

9. Der Eiffelturm ist höher als das kleine Haus.

10. Lea ist größer als Kai.

80

1. schnellste **2.** höchste **3.** interessanteste **4.** teuerste **5.** nächste **6.** beste **7.** reichste **8.** schwierigste **9.** billigste **10.** lustigsten

81

1. kürzeren **2.** besseres **3.** interessanteren **4.** einfacheres **5.** leiser **6.** weicheres **7.** weniger **8.** früher **9.** heißere **10.** neueren

82

1. der klügste **2.** am liebsten **3.** die größte **4.** die jüngste **5.** das schnellste **6.** die reichste **7.** die freundlichsten **8.** die elegantesten **9.** der älteste **10.** die umfangreichste

83

1. ruhiger, am ruhigsten **2.** neugieriger, am neugierigsten **3.** praktischer, am praktischsten **4.** erstklassiger, am erstklassigsten **5.** zahlungsfähiger, am zahlungsfähigsten **6.** komplizierter, am kompliziertesten **7.** überfüllter, am überfülltesten **8.** sportlicher, am sportlichsten **9.** wilder, am wildesten

84

1. wie **2.** wie **3.** als **4.** als **5.** wie **6.** als **7.** als **8.** als **9.** als **10.** wie

85

1. Berlin ist größer als Koblenz.
2. Er fährt schneller mit dem Motorrad als mit dem Fahrrad.
3. Dieser Computer ist genau so teuer wie dein Schreibtisch.
4. Mein Auto fährt genau so schnell wie deins.
5. In Nizza ist es wärmer als in Paris.
6. Doubaï ist eines der reichsten Länder.
7. Der Winter ist die kälteste Jahreszeit.
8. Diese Rose ist die schönste.
9. Je später es wird, desto müder ist er.
10. Je mehr es regnet, desto besser wachsen die Pflanzen.

86

1. Dieses Kleid ist das eleganteste.
2. En Elefant ist stärker als ein Löwe.
3. Der Mathematiklehrer ist strenger als der Deutschlehrer.
4. Dieses Kind ist das begabteste von allen.
5. Gerta ist genau so geschickt wie Melanie.
6. Das ist das schönste Geschenk, das ich bekommen habe.
7. Marc arbeitet weniger als Torsten.
8. Es wird immer wärmer.
9. Die Sommerferien sind länger als die Weihnachtsferien.
10. Die deutsche Wirtschaft ist stärker geworden.

87

1. Das Benzin wird immer teurer.
2. Warum hast du den teuersten Stift gekauft?
3. Le Café Bonsch ist die beste Konditorei in Oberwesel.
4. Der Februar ist der kürzeste Monat.
5. Aber er ist nicht immer der kälteste Monat.
6. Mein Italienisch ist nicht so gut wie mein Deutsch.
7. Die besten Spieler kommen aus den USA.
8. Diese Rentnerin macht die schönsten Tontöpfe.
9. Die Goldmedaille ist die höchste olympische Auszeichnung.
10. Sein Bericht ist nicht so gut wie deiner.

88

LIEU	TEMPS	MANIÈRE
herein	immer	gern
hinauf	oft	wenigstens
links	nachher	sehr
	damals	kaum

89

1. von hinten **2.** hinab **3.** überall **4.** heute **5.** spätestens **6.** immer **7.** zuletzt **8.** draußen **9.** nie **10.** zu kurz **11.** nachher **12.** zuletzt

90

1. sehr **2.** umsonst **3.** gleich **4.** kaum **5.** höchstens **6.** bestimmt **7.** immer noch **8.** damals **9.** heraus **10.** herunter **11.** nach oben **12.** offen **13.** dorthin **14.** nirgendwo **15.** immer

91

	FAIBLE	MIXTE	FORT
1. machen	X		
2. kennen		X	
3. fragen	X		

•••

•••

	FAIBLE	MIXTE	FORT
4. fahren			X
5. suchen	X		
6. gewinnen			X
7. lachen	X		
8. kaufen	X		
9. sprechen			X
10. lesen			X

92

1. mag **2.** Dürfen **3.** kann **4.** will **5.** Darf **6.** Willst **7.** Soll **8.** Kannst **9.** müssen **10.** muss

93

1. müsst **2.** dürft **3.** konnte **4.** darfst **5.** können **6.** darf **7.** musst **8.** können **9.** kannst **10.** soll **11.** kann **12.** müssen

94

1. Kai, du darfst im Kino nicht rauchen.
2. Der Zahnarzt hat den Zahn ziehen müssen.
3. Lisa und Marina wollen in der Schweiz arbeiten.
4. Wir haben gestern unsere Steuern bezahlen müssen.
5. Die Kinder sollen sich bei Tante Luise gut benehmen.

95

1. Du musst nicht alles essen.
2. Ich kann meine Schuhe nicht finden.
3. Mia kann nicht tanzen.
4. Ich kann dieses Problem nicht lösen.
5. Sie müssen abnehmen.
6. Du bist krank? Soll ich einen Arzt rufen?
7. Ich muss diese Postkarte schreiben.
8. Willst du zu Hause bleiben?

96

1. schwimmen **2.** streiten **3.** vergleichen **4.** schreiben **5.** lesen **6.** kennen **7.** wissen **8.** heben **9.** sagen **10.** gefallen **11.** kaufen **12.** holen **13.** bezahlen **14.** schenken **15.** sein **16.** probieren **17.** telefonieren **18.** haben **19.** abbrechen **20.** weitergehen

97

1. schlief **2.** fuhr ab **3.** dachte **4.** gab **5.** gewann **6.** trank **7.** aß **8.** schnitt **9.** zerbrach **10.** lief **11.** konnte **12.** war **13.** überwies **14.** kannte **15.** suchte **16.** brachte **17.** kam **18.** verschwand **19.** hieß **20.** empfand

98

1. fragte, hatte gefragt
2. spielte, hatte gespielt
3. Arbeitetest, hattest gearbeitet
4. gingen, waren gegangen
5. trug, hatte getragen
6. fielen, waren gefallen
7. half, hatte geholfen
8. antwortete, hatte geantwortet
9. repariertest, hattest repariert
10. bliebst, warst geblieben

99

1. sind angekommen, kamen an, waren angekommen
2. hat ausgegeben, gab aus, hatte ausgegeben
3. hat aufgepasst, passte auf, hatte aufgepasst
4. haben eingeladen, luden ein, hatten eingeladen
5. hat abgeholt, holte ab, hatte abgeholt
6. hat angerufen, rief an, hatte angerufen
7. haben teilgenommen, nahmen teil, hatten teilgenommen
8. sind abgeflogen, flogen ab, waren abgeflogen
9. bin aufgestanden, stand auf, war aufgestanden
10. hat vorgelesen, las vor, hatte vorgelesen

100

1. verstand, hatte verstanden
2. warteten, hatten gewartet
3. saßen, hatten gesessen
4. nahm, hatte genommen
5. begleitete, hatte begleitet
6. las, hatte gelesen
7. zog aus, hatte ausgezogen
8. hing, hatte gehangen
9. kam, war gekommen
10. vergaß, hatte vergessen

101

1. hat geregnet, regnete, wird regnen
2. hat besucht, besuchte, wird besuchen
3. sind gefahren, fuhren, werden fahren
4. ist ausgegangen, ging aus, wird ausgehen

5. hat versprochen, versprach, wird versprechen
6. haben gefreut, freuten, werden freuen
7. hat gekümmert, kümmerte, wird kümmern
8. haben gestritten, stritten, werden streiten
9. hat gewundert, wunderte, wird wundern
10. hat gehindert, hinderte, wird hindern

102

1. hat geschlagen, schlug, wird schlagen
2. bist gekommen, kamst, wirst kommen
3. hat weh getan, tat weh, wird weh tun
4. hat geschämt, schämte, wird schämen
5. haben gehasst, hassten, werden hassen
6. hat empfohlen, empfahl, wird empfehlen
7. hat gezögert, zögerte, wird zögern
8. sind ausgestiegen, stiegen aus, werden aussteigen
9. hat gearbeitet, arbeitete, wird arbeiten
10. hat gratuliert, gratulierte, wird gratulieren

103

1. kommt an, wird ankommen
2. verpasst, wird verpassen
3. studiert, wird studieren
4. rennt, wird rennen
5. will, wird telefonieren wollen
6. zeigt, wird zeigen
7. filmt, wird filmen
8. verschwinden, werden verschwinden
9. wandern, werden wandern
10. nimmt auf, wird aufnehmen

104

	HABEN	SEIN
1. schreiben	X	
2. haben	X	
3. laufen		X
4. fliegen		X
5. anrufen	X	
6. kommen		X
7. legen	X	
8. singen	X	
9. schwimmen		X
10. regnen	X	
11. lesen	X	
12. sein		X
13. folgen		X
14. probieren	X	
15. wohnen	X	

105

1. ausgeschaltet **2.** gefahren **3.** gewesen **4.** geschnitten **5.** gebracht **6.** verbunden **7.** geschrieen **8.** abgeholt **9.** gekocht **10.** abgemacht **11.** erschreckt **12.** eingeladen **13.** aufgefressen **14.** applaudiert **15.** getrieben

106

1. Ich habe nichts gemacht.
2. Karin wird ihren Walkman suchen.
3. Thomas hat ihm (ihr) seinen Stift geliehen.
4. Wir können nächste Woche nicht kommen.
5. Es wird bald regnen.
6. Klaus trieb viel Sport.
7. Hast du deine Koffer gepackt?
8. Die Angestellten haben viel gearbeitet.
9. Er machte ihr eine Liebeserklärung.
10. Der Doktor wird dir einen Verband machen.

107

1. Er kam um 17.30 Uhr am Bahnhof an.
2. Leider konnte ich ihn nicht abholen.
3. Seine Arbeit wird um 8.30 Uhr beginnen.
4. Bist du direkt von zu Hause gekommen?
5. Hast du schon den Abwasch gemacht?
6. Du hattest mir versprochen, früher zu kommen.
7. Mein Vater hatte seinen Ausweis vergessen.
8. Wann wird er mich besuchen?
9. Es roch sehr schlecht.
10. Lina duschte sich, als das Telefon klingelte.

108

1. will, gesehen hat
2. wollte, Hunger hatte
3. lief, hatte verpasst
4. geht, wohlgefühlt hat
5. aufstand, hatten gespült
6. ankamen, hatte verstaut
7. war, waren gegangen
8. war, hatten vorbereitet

109

1. mache **2.** schlafe **3.** spiele **4.** arbeiten **5.** seiest **6.** kaufe ein **7.** gefallest **8.** habest **9.** sage **10.** telefonieren **11.** fahren weg **12.** komme an **13.** liegest **14.** nehme mit **15.** gebe

110

1. käme **2.** hätte **3.** sollen **4.** schreibest **5.** bräuchte **6.** ginge **7.** wüsste **8.** gäbet aus **9.** wärest **10.** bliebe

111

Als Reiner wieder nach Hause kommt erzählt er, dass der Bus sehr lange gefahren sei. Unsere Gastfamilie habe uns schon erwartet. Ihr Haus sei ein alter Bauernhof gewesen, den sie umgebaut haben. Es habe kein Wasser, keinen Sturm und keine Turm gegeben. Heute sei alles sehr schön. Es gebe viele Tiere auf dem Bauernhof.

112

1. sein Vater wundere sich über den starken Verkehr auf der Strasse.
2. alle Strassen seien verstopft, weil es eine Demonstration gebe.
3. wegen des Gegenverkehrs könne er nicht überholen.
4. er müsse sehr vorsichtig fahren.
5. dadurch verliere er sehr viel Zeit, und komme zu spät ins Büro.

113

1. Mit dem Pass könne sie dann immer in jedes Land in Urlaub fahren.
2. Zuerst wolle sich nach Paris fahren und im Ritz übernachten.
3. An der Grenze brauche sie nicht mehr zu halten.
4. Die Europäische Gemeinschaft habe das Reisen sehr einfach gemacht.

114

1. als ob er fleißig sei/als sei er fleißig.
2. als ob sie Geld habe/als habe sie Geld.
3. als ob er reich sei/als sei er reich.
4. als ob sie intelligent sei/als sei sie intelligent.

115

1. Wenn wir informiert gewesen wären, hätten wir die Anordnung geben können.
2. Wenn du Lust gehabt hättest, hätten wir im Restaurant gegessen.
3. Wenn die Kinder da gewesen wären, hätten wir zu Abend essen können.
4. Wenn Paul Durst gehabt hätte, hätte er nach Wasser gefragt.
5. Wenn ich jünger gewesen wäre, wäre ich mit euch in die Disco gegangen.

116

1. Marina schreibt an ihre Eltern ihr Auto sei jetzt wieder repariert.
2. Kai fragte seinen Onkel ob er wisse wo Stefan wohne.
3. Claudia behauptete, sie sei müde gewesen und habe ins Bett gehen gemusst.
4. Marcel sagte, es habe ihm nicht mehr in Hannover gefallen.
5. Kai sagte, er habe sich in diesem Theater sehr gelangweilt.
6. Herr Klein wollte wissen, wie lange die Konferenz dauere.
7. Familie Schmidt kündigte an, sie haben ihr Haus verkaufen wollen.
8. Ich fragte den Monteur, ob er meinen Fernseher reparieren könne.
9. Lena fragte ihre Mutter, wann sie endlich wieder zu Hause seien.
10. Er versicherte uns, er habe das Geld gut angelegt.

117

1. Du hast mir gesagt, du wolltest dir diesen neuen Fernseher nicht kaufen.
2. Sonja hat mir gesagt, Steffen habe den Computer repariert.
3. Nach dem Praktikum hat er uns gesagt, er habe viel gelernt.
4. Thomas sagt, wir wohnen bald in Paris.
5. Er hat uns gesagt, er verkaufe sein Fahrrad.

118

1. Ich an deiner Stelle würde arbeiten.
2. Ich wäre beinahe von der Leiter gefallen.
3. Könnten Sie mir das Geld wechseln?
4. Du hättest früher wegfahren sollen.
5. Ich würde lieber nach Berlin fahren.

119

	TUTOIEMENT D'UNE PERSONNE	TUTOIEMENT DE PLUSIEURS PERSONNE	VOUVOIEMENT D'UNE PERSONNE
1. kommen	komm	kommt	kommen Sie
2. gehen	geh	geht	gehen Sie

• • •

•••

	TUTOIEMENT D'UNE PERSONNE	TUTOIEMENT DE PLUSIEURS PERSONNE	VOUVOIEMENT D'UNE PERSONNE
3. laufen	lauf	lauft	laufen Sie
4. waschen	wasch	wascht	waschen Sie
5. helfen	hilf	helft	helfen Sie
6. nehmen	nimm	nehmt	nehmen Sie
7. geben	gib	gebt	geben Sie
8. hören	hör	hört	hören Sie
9. trinken	trink	trinkt	trinken Sie
10. lesen	lies	lest	lesen Sie
11. essen	iss	esst	essen Sie
12. mitnehmen	nimm mit	nehmt mit	nehmen Sie mit
13. telefonieren	telefonier	telefoniert	telefonieren Sie
14. kämmen	kämm	kämmt	kämmen Sie
15. sein	sei	seid	seien Sie

120

1. Zeig das Foto!
2. Mach nichts falsch!
3. Iss nicht so viel!
4. Wiederhol den Satz!
5. Setz dich!
6. Schließ das Fenster!
7. Kümmre dich um Oma!
8. Warte einen Augenblick!
9. Mach das Zimmer sauber!
10. Triff dich vor dem Kino!
11. Bedien dich!
12. Sing laut(er)!
13. Geh schnell(er)!
14. Versuch es!
15. Irr dich nicht!

121

1. Trockne ab **2.** Komm **3.** Hol ab **4.** Vergiss **5.** Nimm mit **6.** Seid **7.** Gib **8.** Schlaf ein **9.** sprich **10.** Komm mit

122

1. Schließt eure Bücher!
2. Schreibt endlich!
3. Schlagt eure Bücher auf!
4. Kommt!
5. Lauft !
6. Kauf auch Eier!
7. Hol das Bier aus dem Keller!
8. Hilf mir!
9. Dusch dich!
10. Gib mir das Spielzeug!

123

1. Der Satz wird von Kai wiederholt. Der Satz wurde von Kai wiederholt. Der Satz ist von Kai wiederholt worden.

2. Ein schönes Lied wird von uns gesungen. Ein schönes Lied wurde von uns gesungen. Ein schönes Lied ist von uns gesungen worden.

3. Ich werde von meiner Mutter zum Arzt begleitet. Ich wurde von meiner Mutter zum Arzt begleitet. Ich bin von meiner Mutter zum Arzt begleitet worden.

4. Die Klasse wird von den Schülern aufgeräumt. Die Klasse wurde von den Schülern aufgeräumt. Die Klasse ist von den Schülern aufgeräumt worden.

5. Der Tisch wird von Silke gedeckt. Der Tisch wurde von Silke gedeckt. Der Tisch ist von Silke gedeckt worden.

6. Die Milch wird von ihr verkauft. Die Milch wurde von ihr verkauft. Die Milch ist von ihr verkauft worden.

7. Das ganze Gras wird von der Kuh gefressen. Das ganze Gras wurde von der Kuh gefressen. Das ganze Gras ist von der Kuh gefressen worden.

8. Das Buch wird von Werner aufgehoben. Das Buch wurde von Werner aufgehoben. Das Buch ist von Werner aufgehoben worden.

9. Oma wird eine Tasse Tee von Mutti angeboten. Oma wurde eine Tasse Tee von Mutti angeboten. Oma ist eine Tasse Tee von Mutti angeboten worden.

124

1. Der Computer wird ins Haus geliefert. Der Computer wurde ins Haus geliefert. Der Computer ist ins Hause geliefert worden.

2. Dadurch wird viel Zeit gespart. Dadurch wurde viel Zeit gespart. Dadurch ist viel Zeit gespart worden.

3. Stifte werden auch vom Buchhändler verkauft. Stifte wurden auch vom Buchhändler verkauft. Stifte sind auch vom Buchhändler verkauft worden.

4. Der Traktor wird von Vati überholt. Der Traktor wurde von Vati überholt. Der Traktor ist von Vati überholt worden.

5. Die Preise werden verglichen. Die Preise wurden verglichen. Die Preise sind verglichen worden.

6. Grosse Vorsicht wird empfohlen. Grosse Versicht wurde empfohlen. Grosse Vorsicht ist empfohlen worden.

7. Der Kranke wird im Krankenhaus gepflegt. Der Kranke wurde im Krankenhaus gepflegt. Der Kranke ist im Krankenhaus gepflegt worden.

8. Der Kranke wird vom Arzt operiert. Der Kranke wurde vom Arzt operiert. Der Kranke ist vom Arzt operiert worden.

9. Der Rock wird von Katrin gebügelt. Der Rock wurde von Katrin gebügelt. Der Rock ist von Katrin gebügelt worden.

10. Das Geschenk wird von der Verkäuferin eingepackt. Das Geschenk wurde von der Verkäuferin eingepackt. Das Geschenk ist von der Verkäuferin eingepackt worden.

125

1. Die Tür wird aufgemacht. Die Tür wurde aufgemacht. Die Tür ist aufgemacht worden.

2. Das Haus wird neu gestrichen. Das Haus wurde neu gestrichen. Das Haus ist neu gestrichen worden.

3. Die Hose wird gewaschen. Die Hose wurde gewaschen. Die Hose ist gewaschen worden.

4. Die Koffer werden gepackt. Die Koffer wurden gepackt. Die Koffer sind gepackt worden.

5. Die Blumen werden gekauft. Die Blumen wurden gekauft. Die Blumen sind gekauft worden.

6. Das Lied wird aufgenommen. Das Lied wurde aufgenommen. Das Lied ist aufgenommen worden.

7. Der Brief wird verbrannt. Der Brief wurde verbrannt. Der Brief ist verbrannt worden.

8. Das alte Haus wird abgerissen. Das alte Haus wurde abgerissen. Das alte Haus ist abgerissen worden.

9. Das Hotel wird empfohlen. Das Hotel wurde empfohlen. Das Hotel ist empfohlen worden.

10. Der Roman wird verfilmt. Der Roman wurde verfilmt. Der Roman ist verfilmt worden.

126

1. Der Nachbar wird von Heike gegrüßt.

2. Wir sind vom Mercedes überholt worden.

3. Das Korn wurde vom Bauern geerntet.

4. Sein Zimmer ist von Kai aufgeräumt worden.

5. Die Blumen werden vom Gärtner gegossen.

6. Mein Auto ist vom Monteur repariert worden.

7. Das Problem war von Klara gelöst worden.

8. Wir werden von Mutti von der Schule abgeholt.

9. Ein Roman ist jeden Tag von Vati gelesen worden.

10. Der Bundeskanzler wurde vom Parlament erwartet.

127

1. Ein Taxifahrer brachte uns ins Hotel.

2. Die Gemeinde richtet hier einen Spielplatz ein.

3. Wir haben zuerst die Formulare ausgefüllt.

4. Rotkäppchen pflückte die Blumen.

5. Wir müssen eine Woche warten.

6. Dann bekommen wir das Ergebnis gesagt.

7. Die Sekretärin hatte dafür unsere Adresse verlangt.

8. Sie hat die Adresse auf einen Briefumschlag geschrieben.

128

1. Die Nachricht ist in der Zeitung bekannt gegeben worden.

2. Die schmutzigen Schuhe müssen mit der Bürste geputzt werden.

3. Das Auto wird morgen von Manfred repariert werden.

4. Die Bücher sind gestern von den Schüler in der Bibliothek ausgeliehen worden.

5. Die Autoschlüssel sind von Vati auf den Tisch gelegt wurden.
6. Maria Stuart wird nächsten Monat von den Schauspielern aufgeführt werden.
7. Meine kleine Schwester ist letztes Jahr getauft worden.
8. Die Aufgaben wurden vom Mathelehrer erklärt.
9. Die Großeltern werden von Joseph am 1. Mai vom Bahnhof abgeholt werden.

129

1/b, 2/c, 3/d, 4/a, 5/a, 6/b 7/d, 8/c, 9/a, 10/b

130

1. Sie glaubt es zu wissen.
2. Es scheint zu regnen.
3. Kai will nicht mehr rauchen.
4. Marion will nach Paris fahren.
5. Diese Witwe scheint sehr reich zu sein.
6. Mein kleiner Bruder lernt gerade schwimmen.
7. Diese Aufgabe ist nicht zu lösen.
8. Thorsten bleib lange in seinem Bett liegen.
9. Ich bevorzuge es, sie heute nicht zu sehen.
10. Sie freut sich noch heute wegzufahren.

131

1. Ich gehe ins Kino anstatt ins Schwimmbad zu gehen.
2. Ich spreche ruhig mit ihm, ohne mich aufzuregnen.
3. Ich gehe zum Bäcker, um dort Brötchen zu kaufen.
4. Ich bin ins Schwimmbad gegangen, ohne meine Badehose mitzunehmen.
5. Clara lernt Französisch, um in Paris zu arbeiten.
6. Sie denkt immer nur an sich, ohne an die anderen zu denken.
7. Lina will mitkommen, um sich ein Eis zu kaufen.
8. Der Busfahrer fuhr an uns vorbei, ohne uns zu sehen.
9. Wir sind in der Bibliothek, ohne zu arbeiten.
10. Er geht zu Fuß, anstatt den Bus zu nehmen.

132

1. Stefan hat Lust ins Kino zu gehen.
2. Er bleibt gerne zu Hause.
3. Wir hören laute Musik.
4. Wir haben Zeit, die Großeltern nächsten Monat zu besuchen.
5. Marta nimmt sich vor, pünktlich zu sein.

133

1. Meine Tochter hat den Tisch decken müssen.
2. Lina hat unbedingt mitkommen wollen.
3. Diese Pilze sind giftig. Man hat sie nicht essen können.
4. Über diesen Film hatte man einfach reden müssen.
5. Clemens hatte sein Referat heute vor der Klasse halten müssen.
6. Diesen Computer hat man nicht benutzen können.
7. Den Japaner hatte man nicht verstehen können.
8. Der Motor hat nicht anspringen wollen.
9. Roland hatte die Führerscheinprüfung noch einmal machen müssen.
10. Er hatte sich die Verkehrsregeln nicht merken können.

134

1. Ich brauche einen Schulranzen, um meine Bücher zu transportieren (tragen).
2. Ich spreche Japanisch, ohne es in der Schule gelernt zu haben.
3. Geh ins Haus, anstatt im Regen zu bleiben.
4. Er ist früher nach Hause gekommen, um uns zu besuchen.
5. Ich möchte keine Karten spielen.
6. Du hast vergessen, die Butter zu kaufen.
7. Ich fahre in die Stadt, um Geld zu holen.

135

1. lege **2.** setzen **3.** hängen **4.** stellt **5.** hängen **6.** stelle **7.** Setze

136

1. liegt **2.** sitze **3.** hängt **4.** sitzt **5.** stehen **6.** liegt **7.** sitzen

137

1. Die Schüler sollen die Bücher auf ihren Tisch legen.
2. Im Kühlschrank stehen noch viele Joghurts.
3. Meinen CD-Player habe ich auf die Kommode gelegt.

4. Maria setzt sich immer auf den Stuhl neben der Tür.

5. Wir stehen hier schon 15 Minuten an der Haltestelle.

6. Wir haben alle Bilder an die Wand gehängt.

7. Warum hängt der Mantel nicht an der Garderobe?

8. Willst du dich nicht zu mir auf das Sofa setzen?

9. Ich habe die Milch in den Kühlschrank gestellt.

10. hast du meine Socken in die Schublade gelegt?

138

1. Die Kinder spielen Tennis.

2. Sandra lernt Deutsch.

3. Thomas und Dirk spielen mit dem Computer.

4. Ich hei,e Werner.

5. Ich komme gleich.

6. Ihr geht ins Kino.

7. Er fliegt nach Rom.

8. Der Eiffelturm steht in Paris.

139

1. Heute besuchen wir unseren Lehrer.

2. Thomas wohnt in der Hauptstadt Berlin.

3. Gaby schiebt die Diskette in den Computer.

4. Im Drucker ist ein Blatt Papier.

5. Der Direktor hat ein großes Büro.

6. Das Telefon klingelt.

7. Frau Hermann bestellt ein Mineralwasser.

8. Die Sachbearbeiter haben eine Versammlung.

140

1. 1945 ist Deutschland in 4 Zonen geteilt worden.

2. Am Abend des 9. November 1989 zerstörten viele Ostberliner zerstörten die Mauer.

3. Am 3. Oktober 1990 war die Wiedervereinigung.

4. Der Bundestag zog nach der Wiedervereinigung zog nach Berlin um.

5. Jetzt tagt er tagt im Reichstag.

6. Während der Woche kann man kann den Reichstag besichtigen.

141

1. Seit einem Monat haben wir uns leider nicht gesehen.

2. Leider ist das Buch immer noch nicht da.

3. Es hat mindestens eine Woche letzten Monat geregnet.

4. Zum Geburtstag habe ich einen Walkmann gekommen.

5. In Deutschland schließen die Geschäfte um 18.00 Uhr.

142

1. Wir fahren heute um acht Uhr in die Stadt.

2. Wir besichtigen morgen eine neue Wohnung.

3. Er hat den ganzen Tag Zeitung gelesen.

4. Er fährt nächste Woche in Urlaub.

5. Katja wurde letzten Mittwoch im Krankenhaus operiert.

6. Uns hat der Urlaub in Italien gefallen.

7. Unsere Kinder möchten dieses Jahr in die USA fliegen.

8. Wir müssen noch eine Woche in die Schule gehen.

143

1. Will er mit dem Chef sprechen?

2. Ist die Fernsehsendung sehr interessant?

3. Spielte Mozart Klavier?

4. Ist der Aufzug kaputt?

5. War Wilhelm II ein deutscher Kaiser?

6. Studierte Luther Philosophie und Theologie?

7. War Goethe ein deutscher Dichter?

144

1. Wann **2.** Wo **3.** Wann **4.** Wo **5.** Wo **6.** Wohin **7.** Woher **8.** Warum

145

1. Wie groß, er ist !

2. Wie ich mich gefreute habe!

3. Schon so spät!

4. Was für ein schönes Lied!

5. Was für ein Haus!

146

1. Mach die Tür zu!

2. Fahr langsamer!

3. Steigen Sie ein!

4. Kommen Sie herein!

5. Geh raus!

147

1/A, 2/C, 3/H, 4/E, 5/G, 6/D, 7/B, 8F

148

1. Nein, ich kann morgen nicht kommen.
2. Nein, ich esse keinen Fisch.
3. Nein, er darf nicht mit dem Auto fahren.
4. Nein, er liest kein Buch.
5. Nein, ich brauche keinen Stadtplan.
6. Nein, ich gehe nicht gern ins Museum.
7. Nein, sie hat sich keine neue Brille gekauft.

149

1. Wir haben keine Zeit.
2. Wir kommen morgen nicht zu euch.
3. Ich habe die Zeitung nicht.
4. Ihr könnt nicht mit uns fahren.
5. Marcel lernt nicht Deutsch.
6. Der neue Computer wird morgen nicht geliefert.
7. Die Klasse 5a macht nächstes Jahr keine Klassenfahrt.
8. Während des Gewitters hat sie keine Angst.

150

1. Die Belegschaft macht keinen Ausflug.
2. Frankfurt ist keine kleine Stadt.
3. Paris liegt nicht an der Loire.
4. Stefan hat das Fleisch nicht gegessen.
5. Er arbeitet nicht bei Renault.
6. Mama macht heute ihre Einkäufe nicht.
7. Im Winter sind die Tage nicht länger.
8. Wir sind uns nicht in der Einkaufsstrasse begegnet.
9. Dieses Restaurant hat nicht viele japanische Gäste.

151

1. Er ist nicht immer pünktlich.
2. Das ist nicht sehr billig.
3. Sie konnte sich nicht an mich erinnern.
4. Wir fahren nicht mit dem Zug nach München.
5. Ich kenne ihn nicht.
6. Ich weiß es nicht.
7. Mein Bruder arbeitet nicht in Berlin.
8. Der Sonderzug kam nicht pünktlich an.

152

1. Ich mag keine langweiligen Menschen.
2. Hast du keinen Durst.
3. Ich habe das nicht gewusst.
4. Hast du keinen Kugelschreiber dabei?
5. Ich kenne keinen guten Computerfachmann.
6. Ich verstehe nicht viel Deutsch.
7. Er trinkt nicht gern deutsches Bier.
8. Wir sind in keinen Stau gekommen.

153

1. Lena kann nicht pünktlich sein.
2. Wir wollen nicht in die Schweiz fahren.
3. Die Sekretärin mag den Chef nicht.
4. Monika soll mir kein Buch bringen.
5. Ich möchte nicht nach Japan fliegen.
6. Sein Verhalten war nicht typisch für ihn.
7. Stefan wollte nicht lange schlafen.
8. Pierre möchte keine Äpfel kaufen.
9. Diese Elektrofirma möchte sich nicht vergrößern.

154

1. Unser Vater kommt heute abend nicht.
2. Wir sind nicht auf den Eiffelturm gegangen.
3. Dieses Glas ist nicht mit Orangensaft gefüllt.
4. Ich will kein Bier.
5. Wir müssen nicht nach Frankfurt abfahren
6. Katrin will nicht in Köln wohnen.
7. Es ist noch nicht zu spät.
8. Sie können morgen nicht kommen.

155

1. Hast du nicht deine Eltern zum Flughafen begleitet?
2. Er sagt, er ist nicht zur Konferenz gegangen.
3. Sie können dieses Haus nicht kaufen, weil es zu teuer ist.
4. Er hat sich nicht gut auf das Examen vorbereitet.
5. Sie ist nicht krank, aber sie bleibt zu Hause.
6. Der VW hat den Mercedes nicht überholen können.
7. Die Sekretärin hat den Text nicht übersetzt, weil sie kein Spanisch spricht.
8. Der Auszubildende hat seine Ausbildung nicht beendet.

156

1. Stefan ist noch nicht da, aber er wird gleich kommen.

2. Mutti hat Äpfel gekauft und Milch mitbebracht.
3. Markus hat ein Geschenk bekommen und er wird es aufmachen.
4. Entweder er behält seinen alten Computer, oder er kauft sich einen neuen Computer.
5. Entweder er kommt, oder er kommt nicht.
6. Heike zieht ihren Mantel aus und gibt ihn Frau Schneider.
7. Wollen wir Schach spielen, oder ins Schwimmbad gehen?
8. Ich fahre am Wochenende nach Paris und schaue mir den Eiffelturm an.

157

1. Dieser Fernseher hat viele Vorteile, aber auch Nachteile.
2. Die Eltern waren verreist, aber ihre Kinder waren bei den Großeltern.
3. Ich fahre nach Rom, aber diesmal gehe ich nicht in die Terme.
4. Ich bleibe nicht hier sondern fahre lieber mit euch nach Spanien.
5. Entweder fliegen wir nach Italien oder in die USA.
6. Ich nehme weder das Auto noch den Bus.
7. Du musst dich warm anziehen sonst frierst du.
8. Entweder ist Michael krank, oder er hat verschlafen.
9. Ich mag weder Nudeln noch Reis.

158

1. Er trinkt Tee und isst ein Stück Kuchen.
2. Entweder gehe ich um 17.00 h weg, oder ich bleibe zum Abendbrot.
3. Ich interessiere mich weder für Museen noch für Kirchen.
4. Ich fahre nach Berlin, aber ich werde den Reichstag nicht besichtigen.
5. Pierre wird dich nicht besuchen, sondern eine Karte schicken.
6. Wir frühstücken, dann gehen wir ins Geschäft.

159

1. Ich glaube, dass er angekommen ist.
2. Ich hoffe, dass der Verkäufer die Bestellung gemacht hat.
3. Ich bin mir sicher, dass wir die Ware liefern werden.
4. Ich hoffe, dass Sie hatten eine gute Fahrt.
5. Ich hoffe, dass die Kinder nicht zu spät ins Bett gehen dürfen.
6. Brigitte sagt, dass sie ins Kino gehen wollen.
7. Thomas sagt, dass er keinen Führerschein hat.
8. Ich weiß, dass kleine Kinder kein Bier trinken dürfen.

160

1. Ihre Tante sagt, dass Karin sehr aufgeregt ist.
2. Der Lehrer sagt, dass es Kai nicht versteht.
3. Oma antwortet, das Laure schon seit einer Stunde am Bahnhof wartet.
4. Die Kinder sagen, dass der Kühlschrank leer ist.
5. Karin sagt, dass die Kinder ins Schwimmbad gegangen sind.
6. Stefanie beklagt sich, dass Leo den ganzen Joghurt gegessen hat.
7. Luise antwortet, dass sie nach Madrid gefahren sind.
8. Sein Vater sagt, dass sich Karl einen neuen Drucker gekauft hat.
9. Der Lehrer sagt, das Dieter sicher die Prüfung bestehen wird.
10. Tante Klara versichert, das Joachim ihr den Film aufnehmen wird.
11. Oma hofft, dass Richard heute anrufen wird.
12. Die Direktion versichert, dass die Löhne erhöht werden.
13. Die Arbeiter beklagen sich, dass sie arbeitslos sein werden.

161

1. dass **2.** ob **3.** ob **4.** ob **5.** ob **6.** dass **7.** dass **8.** ob **9.** ob **10.** dass **11.** dass **12.** dass **13.** dass **14.** ob **15.** dass **16.** ob

162

1. Wenn **2.** Als **3.** Wenn **4.** Wenn **5.** Als

163

1. Er saß noch am Computer, als ich ins Bett ging.
2. Wenn ich in den Keller gehe, mache ich das Licht an.
3. Claire wartete auf den Bus, als ihre Mutter mit dem Auto kam.

4. Kai freut sich, wenn er Weihnachten immer viele Geschenke bekommt.

5. Maxime wollte in die Metro einsteigen, als die Tür zuging.

6. Marianne druckte einen Brief aus, als der Strom ausfiel.

7. Die Polizei ist immer da, wenn sich viele Leute versammeln.

8. Wenn du heute kommst, gehen wir zum Chinesen.

9. Als Frau Schneider in Paris war, regnete es die ganze Woche.

10. Mach das Fenster zu, wenn es windig ist und es regnet.

11. Laurent wachte auf, als er einen Albtraum hatte.

12. Er rief seine Mutter, als er nachts aufwachte.

13. Wenn Rolf nach Hause kommt, kocht Mutti immer sein Lieblingsgericht.

14. Als ich jung war, gab es kein Telefon.

164

1. bevor **2.** nachdem **3.** nachdem **4.** bevor **5.** nachdem **6.** nachdem **7.** bevor **8.** nachdem **9.** bevor **10.** nachdem **11.** bevor **12.** bevor **13.** bevor **14.** nachdem **15.** bevor

165

1. bevor **2.** obwohl **3.** bis **4.** während **5.** nachdem

166

1. Nachdem er sein Auto verkauft hatte, zog Herr Schneider in die Schweiz.

2. Nachdem wir sehr gut im Restaurant gegessen haben, bezahlt Vati die Rechnung.

3. Bevor er ins Kino geht, macht Ulf seine Hausaufgaben.

4. Nachdem er eine Adresse im Internet suchte, kann er jetzt den Brief schreiben.

5. Bevor Familie Lambrich in Urlaub fährt, schließt sie die Haustür ab.

6. Nachdem wir endlich da sind, können wir uns ein Hotel suchen.

7. Du musst dir die Hände waschen, bevor wir mit dem Abendbrot anfangen.

8. Der Sportler springt sehr hoch über die Latte, bevor er auf die Matte zurückfällt.

9. Ich stricke dir einen Pulli, nachdem du dir ein Muster ausgesucht hast.

10. Wir wählen Mannschaften, bevor wir Volleyball spielen.

11. Lisa stellt die Waschmaschine an, nachdem die den Stecker in die Steckdoge gesteckt hat.

12. Nachdem die Wäsche trocken ist, fängt Lisa an zu bügeln.

13. Bevor man telefoniert, muss man den Hörer abnehmen.

14. Paul hat viel Geld sparen müssen, bevor er sich eine Honda kaufte.

167

1. bis **2.** solange **3.** seit **4.** während **5.** seit **6.** bis **7.** sobald **8.** seit **9.** während **10.** solange **11.** sobald

168

1. Sie arbeitet viel, seit sie in Frankfurt wohnt.

2. Oma bleibt bei Caren, bis sie wieder gesund ist.

3. Wir bleiben zu Hause, bis es aufhört zu regnen.

4. Seit wir umgezogen sind, habe ich noch keine Freunde gefunden.

5. Ich lese ein Buch, während ich auf den Bus an der Bushaltestelle warte.

6. Maria hat den Arm in Gips, seit sie gefallen ist.

7. Bis das Flugzeug startet, haben wir noch Zeit.

8. Seit es viel geregnet hat, hat der Rhein Hochwasser.

9. Hermann ist im Schwimmbad, während Thomas ins Kino geht.

10. Während Klaus im Internet surft, hört er Musik.

11. Du kannst noch Fern sehen bis das Essen fertig ist.

12. Bis Onkel Hans mit dem Auto aus München kommt, wird es 9.00 Uhr.

13. Während Monika das Geschirr spült, unterhält sie sich mit ihrer Mutter.

169

1. Kai ist nervös, weil er die Kassette von Claudia nicht finden kann.

2. Jürgen kam zu spät zur Schule, weil er den Bus verpasst hatte.

3. Lina will nichts essen, da sie keinen Hunger mehr hat.

4. Da Tim Ferien hat, kann er lange schlafen.

5. Da Steffen im Stadtzentrum wohnt, fährt er oft mit dem Fahrrad zur Arbeit.
6. Weil das Hotel ausgebucht war, sind wird in die nächste Stadt gefahren.
7. Wir müssen zurück nach Deutschland, weil de Wohnwagen zu klein ist.
8. Leonard will sofort essen, weil er direkt wieder weg muss.

170

1. Da **2.** weil **3.** weil **4.** Da **5.** weil **6.** weil

171

1. ob **2.** dass **3.** weil **4.** ob **5.** weil

172

1. Kai fährt zu schnell, obwohl die Strasse glatt ist.
2. Ich fahre trotzdem nach Berlin, obwohl ich fast kein Deutsch spreche.
3. Ich gehe oft zu Fuß, obwohl ich ein Auto habe.
4. Sylvia geht zur Arbeit, obwohl sie eine Grippe hat.
5. Sie raucht, obwohl das ungesund ist.
6. Ich komme trotzdem zu deiner Feier, obwohl ich sehr müde bin.

173

1. Er kann nicht kommen, weil er krank ist.
2. Der Boden ist nass, weil es geregnet hat.
3. Er geht in die Schule ohne zu frühstücken.
4. Er legt sich aufs Bett, ohne sich die Schuhe auszuziehen.
5. Er geht ins Bett, weil er müde ist.
6. Sie fährt in die Stadt, weil sie einen Kuchen kaufen will.

174

1. Pierre denkt, dass Madrid in Italien ist.
2. Wir bleiben nicht zu Hause, wenn unsere Cousins kommen.
3. Nachdem wir gegessen hatten, gingen wir ins Theater.
4. Seit ich die Arbeit gewechselt habe, verdiene ich mehr.
5. Er trinkt Alkohol, obwohl es verboten ist.
6. Ich bleibe in den Bergen, bis es keinen Schnee mehr gibt.
7. Das Telefon klingelte, als wir vom Kino nach Hause kamen.
8. Bevor ich das Büro verlasse, muss ich das Licht ausmachen.
9. Zieh deine Tennisschuhe an, bevor du Fußball spielst.

175

1. Weißt du, ob Frau Claris in Urlaub fährt?
2. Wir werden ins Schwimmbad gehen, wenn es heiß ist.
3. Nachdem er den Schlüssel während Stunden gesucht hat, fand ihn Joseph endlich.
4. Mach dir keine Sorgen, bevor ich ins Kino gehe, hätte ich meine Hausaufgaben gemacht.
5. Et tut so, als ob er es verstanden hätte.
6. Joseph ist noch Pommes frites, obwohl er keinen Hunger mehr hat.
7. Nachdem er Japanisch in Tokio studiert hatte, kam er nach München zurück.
8. Seit er mit Sophie verheiratet ist, sieht man ihn nicht mehr im Bistro.
9. Arbeite bevor du mit dem Computer spielst.

176

1. Mein Vater denkt, dass ich noch mehr arbeiten soll.
2. Als ich sechs Jahre alt war, ging ich zum ersten Mal in die Schule.
3. Nachdem sie ein Mail geschrieben hatte, schaltete sie den Computer aus.
4. Bevor du weggehst, gebe ich dir deinen Pullover zurück.
5. Seit er sein Motorrad hat, ist er immer weg.
6. Marc wird dir helfen, bis du bessere Noten in der Schule haben wirst.
7. Udo fährt nicht in die USA, weil er kein Visum hat.
8. Bowohl es schön ist, werde ich einen Pullover mitnehmen.

177

1. Die Angestellten der Bank sind gegenüber den Kunden sehr freundlich.
2. Ich habe Ihren Namen leider nicht richtig verstanden.
3. Die Maschine wurde von dem Lieferanten erst gestern geliefert.
4. Die Polizisten haben heute alle Dienst.
5. Bei dem Grossisten kann man billiger einkaufen.

6. Der Käfig des Löwen ist zu klein.
7. Das Schicksal der Gefangenen ist noch nicht sicher.
8. Der Artikel des Journalisten erregte viel Aufsehen.
9. Wann kommt der Arzt zu dem Patienten.
10. Wie lange muss man hier auf die Aussage der Zeugen warten?

178

1. Petras Rock **2.** Stafans Socken **3.** Paulines Kuchen **4.** Johannes' Mantel **5.** Chris' Bananen **6.** Mayas Ei **7.** Lisas Schal **8.** Markus' Gürtel **9.** Susannes Puppe **10.** Max' Spielzeug

179

1. Wir suchen Max' Auto.
2. Hast du Katys Bluse gesehen?
3. Ist das Mozarts CD?
4. Hast du Spielbergs neuen Film gesehen?
5. Wo ist Jonas' Katze?

180

1. Dieser Schlüssel ist von Uwe. Dies ist Uwes Schlüssel.
2. Diese Komödie ist von L. Bernstein. Dies ist L. Bernsteins Komödie.
3. Das Hemd gehört Tobias. Das ist Tobias' Hemd.
4. Wo ist der Computer von Willi? Wo ist Willis Computer?
5. Mia trinkt den Apfelsaft von Markus. Mia trinkt Markus' Apfelsaft.

181

LAND	ADJECTIV	EINWOHNER
1. Deutschland	deutsch	der Deutsche
2. Frankreich	französisch	der Franzose
3. England	englisch	der Engländer
4. Italien	italienisch	der Italiener
5. Schweden	schwedisch	der Schwede
6. Japan	japanisch	der Japaner
7. Türkei	türkisch	der Türke
8. Finnland	finnisch	der Finne
9. Irland	irisch	der Ire
10. Asien	asiatisch	der Asiat
11. Belgien	belgisch	der Belgier
12. Portugal	portugiesisch	der Portugiese
13. Polen	polnisch	der Pole
14. Schweiz	schweizerisch	der Schweizer
15. Ungarn	ungarisch	der Ungar
16. Kanada	kanadisch	der Kanadier
17. Spanien	spanisch	der Spanier
18. Jugoslawien	jugoslawisch	der Jugoslawe
19. Israel	israelisch	der Israeli
20. Russland	russisch	der Russe

182

1. zwölf Euro und zwanzig Cent
2. vier Euro und achtzig Cent
3. vier Meter und fünfzig Zentimeter
4. sieben Kilo
5. zwanzig Zentimeter

183

1. Ich möchte ein Kilo Möhren und fünfhundert Gramm Rosinen kaufen.
2. Das Bett meines Bruders ist nur einen Meter fünfzig lang und neunzig Zentimeter breit.
3. Ich habe mir heute die Haare schon zwei Mal gewaschen.
4. Dieses Bier hat nur eins Komma fünf Prozent Alkohol.
5. Fast ein Viertel der Schüler war unter dem Klassendurchschnitt.

184

1. am fünften Neunten (September) siebzehnhundertvierundsiebzig
2. am dreißigsten Ersten (Januar) neunzehnhundertdreiunddreißig.
3. am sechsten Sechsten (Juni) achtzehnhundertfünfundsiebzig

185

1. Es ist fünf nach halb eins.
2. Es ist Viertel vor zwei.
3. Es ist Viertel nach acht.
4. Es ist halb zehn.

186

1. Lehrer, Lehrerin **2.** Bäcker, Bäckerin **3.** Fahrer, Fahrerin **4.** Spieler, Spielerin **5.** Redner, Rednerin **6.** Springer, Springerin **7.** Hörer, Hörerin **8.** Schwimmer, Schwimmerin **9.** Student, Studentin

187

1. die Schönheit **2.** die Traurigkeit **3.** die Eitelkeit **4.** die Einsamkeit **5.** die Bitterkeit **6.** der Reichtum **7.** das Geheimnis **8.** die Süße

188

1. das Telefon **2.** die Schrift **3.** die Verteilung **4.** der Schlag **5.** die Bewegung **6.** die Hilfe **7.** der Lauf **8.** der Bericht **9.** die Demonstration **10.** die Arbeit **11.** der Hörer

189

1. essbar, unessbar **2.** verständlich, unverständlich **3.** begreiflich, unbegreiflich **4.** glaubhaft, unglaublich **5.** hörbar, unhörbar **6.** tragbar, untragbar

190

1. glücklich, unglücklich **2.** gefährlich, ungefährlich **3.** vorteilhaft, unvorteilhaft **4.** europäisch, uneuropäisch **5.** verführerisch, unverführerisch

Imprimé en France par I.M.E. - 25110 Baume-les-Dames
N° d'édition : 004054-01 - Dépôt légal : février 2005